영어는 놀이다

인생의 차이를 만드는 영어 놀이법

영어는 놀이다

인생의 차이를 만드는 영어 놀이법

초판 1쇄 인쇄 2017년 6월 5일   초판 1쇄 발행 2017년 6월 15일

지 은 이 김수지   펴 낸 이 노용제
출판기획 김우현   북디자인 박화영
펴 낸 곳 정은출판   출판신고 2004년 10월 27일 제301-2011-008호
주소 (04558) 서울특별시 중구 창경궁로1길 29
전화 02-2272-8807   팩스 02-2277-1350
이메일 rossjw@hanmail.net   공급처 정은출판 (02)2272-9280

ISBN 978-89-5824-333-5 (03740)

이 도서의 국립중앙도서관 출판예정도서목록(CIP)은 서지정보유통지원시스템 홈페
이지(http://seoji.nl.go.kr)와 국가자료공동목록시스템(http://www.nl.go.kr/
kolisnet)에서 이용하실 수 있습니다.(CIP제어번호: CIP2017013796)

영어는 놀이다

인생의 차이를 만드는 영어 놀이법

김수지 지음

좋은북스

2살부터 노는 영어,
20살에 되는 영어

세상에서 가장 빠른 달리기 선수인 우사인 볼트Usain Bolt는 자신만의 훈련 비법을 공개하지 않는다. 다른 선수들과는 달리 자신의 노하우를 철저하게 숨긴다. 이것이 우사인 볼트의 성공 비결이다.

내 생각은 다르다.

나의 영역은 언어이기 때문이다.

언어는 커뮤니케이션이다.

영어를 나 혼자 잘한다고 말이 통하는 것이 아니다.

영어뿐만 아니라 모든 언어는 서로 통해야 존재 의미가 있다.

따라서 영어 전문가인 나에게 '영어 잘하는 비결'을 전파하고 공유하는 것은 기쁨이자 사명이다.

더욱이 초·중·고·대학에 이르기까지 영어로 스트레스 받는 모든 학생들, 자녀의 영어 점수와 영어 실력에 따라 희비가 롤러코스터를 타는 모든 엄마들, 취업·승진의 단계마다 영어 실력에 따라 당락이 엇갈리는 모든 취업 준비생과 직장인들…, 한마디로 전국민이 '영어병영어 스트레스, 영어 노이로제, 영어 트라우마, 영어 울렁증'을 앓고 있는 대한민국에서 '영어 제대로 잘하는 법'을 전파하는 것은 개인적 사명을 넘어서 사회적 책임감이라고도 할 수 있다.

나는 25년간 해외에서 생활하며 영어를 제1언어First Language로 사용했다. 그중 13년간은 영어를 전문적으로 가르쳤다. 그러면서 기억에 남는 얼굴들이 있다. 바로 이 얼굴들 때문에 나는 지금까지 계속해서 그리고 앞으로도 영어를 가르칠 수밖에 없다.

나의 첫 번째 학생, M군을 떠올려 본다. 그는 내가 아직 고등학생일 때 맡았던 내 첫 학생이었다. 그의 부모는 처음에 그저 숙제하는 것을 도와 달라며 내게 자식을 맡겼다. 그런데 어느 날 보니 내가 대신 그 아이의 숙제를 해 주고 있는 것이 아닌가.

'어쩌다 상황이 이렇게 됐나?' 생각을 해 보았다. 그리고 그 아이에게 어떤 언어가 더 편한지 물었다. 그러자 M군이 대답했다.

자신은 뼛속까지 태국인이라고.

그다음 시간에 나는 아이의 숙제를 뒤로 미뤘다. 그리고 본격적으로 영어의 기본을 가르치기 시작했다. 물론 '놀이'를 통해서였다.

'Word Up'부터 'Hangman'까지 다양한 놀이들로 아이의 단어와 문법, 작문, 스피킹 실력을 키워 주었다.

물론, 놀이로 재미있게 영어 실력을 다지면서 영어 성적도 단계적·지속적으로 올라갔기에 나는 졸업할 때까지 그 아이를 맡아 가르칠 수 있었다.

얼마 전에 M군에게서 연락이 왔다. 반갑다고. 보고 싶다고.

영어 트라우마English Trauma를 심어 준 선생님이 아니라, 영어 놀이를 함께한 동무로 기억되는 것 같아 기분이 좋았다.

나는 이 책에 나의 '영어 놀이 노하우'를 고스란히 담았다. 해외에서 자라면서 접했던 영어 놀이들과 내가 직접 고안해 낸 재미있고 알찬 놀이들을 이 책에 실었다.

이 모든 놀이들을 통해 아이들의 귀와 입이 열렸다. 성적으로 승부를 본 학생들도 꽤 된다. 공인된 영어 시험에 합격하거나 원하는 학교에 입학을 한 학생들도 많다. 한국 학생들, 태국 학생들,

그리고 유럽 학생들을 가르치며 참으로 큰 보람을 느꼈다.

《영어는 놀이다 - 인생의 차이를 만드는 영어 놀이법》은 창의적인 영어 놀이로 아이들의 영어 공부 스트레스를 줄여 주고, 즐겁게 놀면서 어느새 영어를 쏙쏙 알아듣고 술술 말할 수 있도록 도와주고자 집필하였다.

이제부터라도 대한민국이 영어 공부에만 열중하지 않고 영어 놀이에도 열광하기를 바란다.

2017년 5월
김수지

CONTENTS

CHAPTER 1

한국의 영어는 상처투성이다

CHAPTER 2

아이의 영어가
도움이 필요하다는 신호

CHAPTER 3

부모가 꼭 알아야 할 영어 교육법

C O N T E N T S

CHAPTER 4

영어 놀이가 곧 영어 성공의 길이다

CHAPTER 5

인생의 차이를 만드는 영어 놀이법

한국의
영어는
상처투성이다

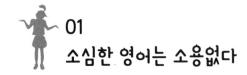

01
소심한 영어는 소용없다

영화 '영어 완전 정복'의 한 장면이다.

극중 배우 이나영이 사전을 씹어 삼킨다. 그런데 막상 학원에 가면 꿀 먹은 벙어리다. 아니, 사전 먹은 벙어리다. 우리나라 영어 교육의 실태를 익살스럽게 꼬집은 영화이다.

다음 장면을 보라.

이나영이 대한민국의 다른 수많은 공무원들과 함께 열심히 일을 하고 있다. 그런데 바로 그때 파란 눈의 외국인이 들어온다. 이나영은 죽을 맛이다. 결국 의사소통 한마디도 제대로 못한 채 영어 학원으로 쫓겨난다.

서울이 하루가 다르게 국제화되어 가고 있고 전 세계인이 모여드는 세계 주요 도시 중 하나인데 이 무슨 창피인가? 공무원 시험에 합격할 정도라면 학교도 분명 제대로 다녔을 텐데, 학교에서 영어를 한마디도 가르치지 않았단 말인가?

분명 학교 영어 교육에 문제가 있다. 영어 과목이 필수이니 가르치지 않았을 리는 없다. 초·중·고·대학교를 거치며 기본 16년의 학교 교육을 받고도 막상 외국인을 만나면 영어 한마디 못하는 현실. 한국의 학교가 학생들을 얼마나 소극적으로 키웠는가를 적나라하게 보여 주는 한 단면이다. 비록 영화 속 장면이지만 요즘 아이들에게는 해당되지 않는 상황이라고 누가 자신 있게 말할 수 있겠는가?

나는 13년째 영어를 가르치고 있다. 때로는 과외 선생님으로, 때로는 학원 선생님으로, 때로는 학교 선생님으로, 그리고 때로는 봉사 활동으로 말이다. 오랫동안 다양한 환경에서 영어를 가르치면서 느낀 바가 참 많다. 가장 먼저 떠오르는 장면은 소심하게 뭐라 뭐라 웅얼거리는 학생의 모습이다. 이런 모습을 보면 너무나도 안쓰럽다. 가만히 이야기해 보면 틀린 말은 아닌데 자신감이 결여된 모습이라 안타깝기만 하다. 이런 한국인들의 영어 현실이 외국인들의 눈에는 그저 커뮤니케이션 능력 결여로 생각될 뿐이다.

내가 국제학교에 다닐 때의 일이다. 당시 7학년이었는데 반에 한바탕 소란이 일어났다. 무슨 일인가 보니, 반 아이들이 웅성거리며 갑자기 들이닥친 선생님들을 바라보고 있었다.

선생님 한 분이 "아시아계 학생들은 다 나오세요."라고 하시기에 나는 무슨 일인가 궁금하여 쳐다보았다. 다름 아닌 한국 아이들이 문제였다. 평소 수업은 열심히 들어도 말을 어눌하게 했던 한국 아이들 때문에 졸지에 나도 '아시아계 학생'이라는 명목으로 한 묶음으로 엮여 ESL English as a Second Language 테스트를 받게 된 것이다. 나는 이의를 제기했다. 반에서 실력도 우등생이었고 반 대표를 맡아 말영어도 곧잘 하였기에, 나는 결국 다른 학생들과 함께 불려 나가진 않았다. 하지만 그들이 창피당하는 모습을 보며, 나는 내가 아는 지식을 결코 소심하게 썩히지 않으리라 결심했다. 알면 뭐하랴? 입 안에서 맴돌다 마는 영어는 쓰잘머리 없다.

나는 일명 '원어민'이다. 태어나기는 서울에서 났지만 2살 때부터 해외에서 자라면서 유치원부터 원어민들과 영어로 공부했다. 그런 나도 영어를 기초부터 다져야 했던 시기가 있었다. 몬테소리 유치원 시절, 엄마는 내게 달랑 "Where is the toilet?"화장실은 어디 있나요? 이 한 문장만 가르쳐 주고, 쏼라쏼라 유창하게 영어로만 떠들어 대는 원어민들 한가운데로 나를 독립시켰다. 어린 나이여서인지 한국인들 뼛속까지 깊이 밴 부끄러움이 그때의 내게는 없었다. 나는 당당하게 화장실부터 찾았고 결국 다른 원생들과 함께 어울려 놀면서 영어를 원어민처럼 구사하게 되었다.

여기서 주목해야 할 것은 나잇대다. 대개 조기 유학을 보내는 것은 어려서부터 영어를 구사하면 원어민 수준의 영어를 체득하게 된다는 이유에서이다. 무슨 근거로? 하버드 대학 가드너_{Howard} _{Gardner} 교수의 '다중지능 이론'을 살펴보면, 인간의 8가지 IQ 영역 가운데 '언어 능력'이 가장 먼저 발달하는 영역들 중의 하나다. 그만큼 언어 발달이 인간의 성장에서 큰 자리를 차지한다는 것이다.

하지만 대다수의 한국 학생들은 조기 유학이라는 특혜를 누리지 못한다. 그런데도 후에 일명 아이비리그 대학들에 도전하는 등 수많은 영어 수재들이 우리나라에서 양성되고 있다. 이 현상은 어떻게 설명할 수 있는가?

25년간 해외에서 살며 영어 원어민으로 살아온 나는 자신 있게 말할 수 있다. 바로 소심함을 내친 아이들이 영어 수재나 영재로 성장한다. 언어는 과감하게 입 밖으로 내뱉어야 한다는 것이다. 소심하게 입 안에서만 맴도는 영어는 쓰잘머리 없는 것으로, 머릿속에 지식이 아무리 많아도 정작 필요할 때 진가를 발휘하지 못한다.

또 한 가지 예가 있다. 특전사 출신인 남편은 해외여행을 열 번도 넘게 갔다 왔다. 그런데 흥미로운 점은, 국내에서는 영어 젬병이라고 소문난 남편이 해외여행에서는 주로 영어로 의사소통을 했다는 것이다.

"어떻게 그 사람들이랑 말을 했어?"라고 물으니 남편이 아주 재미있어하며 간단 명쾌하게 대답했다.

"전화 영어도 해 보고 이것저것 다 해 봤는데 입이 안 떨어졌었어. 그런데 막상 외국인을 대하니까 말하는 것 이외에 손짓이나 분위기, 반복되는 단어 등으로 더 잘 이해할 수 있더라고."

"그래도 영어 한마디도 못하잖아?" 내가 반문했다.

남편이 웃으며 대답했다. "내 성격 알잖아. 무데뽀로 밀어붙이는 성격. 틀리거나 말거나 열심히 노력했더니 다들 이해해 주더라고."

그때 나는 확실히 알았다. 내 학생들의 소심함을 없애야 그들이 레슨에서 배운 영어를 필요한 순간에 써먹을 수 있을 거라는 걸.

위 사례들에서 알 수 있듯이, 영어를 지식으로 얼마나 많이 알고 있는가보다 더 중요한 것은 얼마나 적극적으로 소통하려고 노력하는가이다. 언어는 지식이 아니라 소통이고, 소통은 소심함이 아니라 적극적인 의사 표현으로 가능해진다. 샌님보다는 무데뽀가 차라리 낫다.

그렇다면 천성적으로 타고나거나 문화적인 소심함을 어떻게 극복할 것인가? 나는 남편에게 위와 같은 시원한 대답을 듣기 전에 이미 문제를 파악하고 대처 방법을 제시하고 있었다.

생각해 보라. 학생들이 가장 두려워하는 것은 외국인과 외국어영어로 하는 의사소통이다. 그렇다면 영어 의사소통을 먼저 영어가 유창한 한국인과 하면 어떻겠는가? 나는 첫 영어 과외 선생님으로 눈이 파란 사람을 별로 추천하지 않는다. 오히려 괴리감만 생길 뿐이다. 차라리 영어를 유창하게 구사하는 해외 교포나 국내 선생님을 초대해, 학생이 익숙해하는 장소에서, 궁금한 게 있으면 편하게 물어볼 수 있도록 최소 2개 언어를 구사하는 환경을 마련해 준다면 학생도 별 무리 없이 영어 놀이에 심취할 수 있을 것이다.

여기서 강조하는 것은 '영어 놀이'다. 나는 '놀이'라고 했지 '공부'라고 하지 않았다. 언어적으로 가장 발달하는 시기인 3살 무렵부터 영어로 아이와 함께 놀아 준다면 소심함이 해결되는 것은 물론 영어 재능 개발에도 도움이 된다.

만약 과외 선생님을 들일 형편이 되지 않거나, 아이에게 무리하게 사교육을 시키는 것 같아 주위의 반대가 크다면 어떻게 할까? 그럴 경우 아주 쉽게 엄마와 아이가 함께 즐길 수 있는 몇 가지 영어 놀이법이 있는데, 그것은 본문에서 좀 더 자세하게 전달하고자 한다.

내가 강조하고자 하는 것은 학생들의 소심한 성격이나 성향, 그리고 소극적인 태도가 아이의 영어 발달을 방해한다는 것이다. 또, 실수해도 괜찮은 친숙한 환경에서 놀이를 통해 재미있게 부담 없이 영어를 접해야 소심함을 서서히 극복할 수 있다는 것이다.

여기서 한 가지 짚고 넘어가야 할 사항이 있다. 2013년 노벨상 수상자 12명 중 6명이 유대인이다. 이게 영어 공부와 무슨 상관인가? 유대인들의 자녀 교육법을 살펴보면, 유대인들은 지식의 주입과 암기보다는 대화와 토론을 중심으로 한 교육을 우선시한다. 가정과 학교에서 어려서부터 대화와 토론을 자연스럽게 익히면서 소심함은 당연히 없어지지 않겠는가?

한국의 영어 학원에서 가르치면서 나는 서강 랭귀지 프로그램 SLP과 정상어학원JLS의 학습 방식을 비교·분석해 볼 기회가 있었다. SLP 학생들은 비교적 얌전히 앉아 수업을 경청하는 반면 JLS 학생들은 자연스러운 분위기 속에서 게임과 노래를 하며 영어를 습득했다.

아마 학교 성적에서는 별 차이가 나지 않을 것이다. 하지만 가까운 미래에 SLP 학생들과 JLS 학생들이 해외 연수를 간다면 결과적으로 큰 차이를 낳게 되지 않을까? 가만히 앉아서 듣던 영어를 한순간에 외국인 앞에서 떨며 내뱉어야 하는 것과, 평소에 놀며 흥얼거리며 터득한 영어로 외국인들과 대화를 주고받는 것은 천양지차이기 때문이다.

유치원·초·중·고를 국제학교로 그리고 대학교를 국제학과로 나온 나는 영어 공부에서 자신감이 얼마나 중요한지 잘 알고 있다. 아이들이 토플 점수가 만점인데도 정작 미국 가서 적응하지 못해 성적이 바닥에서 허덕거리는 경우를 심심치 않게 보아 왔다. 이들의 문제는 항상 같은 곳에 있었다. 바로 '프레젠테이션'이라는 관문이었다. '발표가 없는 날이 없다'는 어느 유학생의 한탄에서 알 수 있듯이 한국 수업과 달리 영미권 수업은 늘 프레젠테이션, 곧 발표와 함께한다. 발표를 할 때 많은 경우 한국 학생들이 낭패를 보는데, 이는 한국 학생들의 에너지 없는 발표 성향 때문이다. 파워포인트 자료는 깔끔하게 잘 만들어 놓고 막상 발표 시에는 반 친구들 앞에서 힘없이 웅얼거리니 듣는 교수님도 친구들도 답답할 따름이다.

이와 같이 아무리 머릿속에 든 지식이 많아도 소극적인 영어는 절대 금물이다.

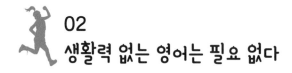

02
생활력 없는 영어는 필요 없다

　배낭여행을 가 본 적이 있는가? 아니면 그 흔한 해외여행을 단 한 번이라도? 여행을 떠나면 새삼 느끼게 되는 것이 바로 영어의 필요성이다. 한국인 승무원이 없는 경우에는 비행기에서조차 영어로 주문을 해야 되니 말이다.

　영어는 사실 우리나라 사람들에게 친숙한 언어이다. 초등학교 1학년 때부터, 빠른 경우는 유치원 때부터 접하는 외국어이기도 하다. 그런 언어인 영어가 왜 이렇게 어렵게만 느껴지는가? 바로 언어를 잘 사용하기 위한 필수 요소인 '생활력'이 결핍되어 있기 때문이다.

　수많은 아이들이 어쩔 수 없이 등 떠밀려 영어 학원을 다니면서 영어 문제는 많이 풀어 봤어도, 정작 생활 속에서 영어를 언어답게 사용해 본 경험이 턱없이 부족하기에 나타나는 현상이다. 실제로 아이들이 교과서에서 배우는 영어는 실생활에서 사람과 사람의 만남 속에서 피부로 느끼는 영어와는 괴리가 있다. '외국인과 놀면서 영어로 대화할래? 영어 교과서 문제를 풀래?'라는 질문에 아이가 어떤 선택을 할 것 같은가? 영어 생활력이 부족한 대한민국의 아이들이 십중팔구 후자를 선택할 것은 뻔하다.

전 국민이 영어에 목을 매는 상황에서 왜 사람들이 쉽사리 영어에 자신감을 가지지 못하는가? TOEFL, TOEIC, TEPS 만점자가 나오는 경우가 수두룩한데, 왜 길 가다 만난 외국인을 그렇게 기피하는 현상이 벌어지는 것일까? 바로 영어라는 언어를 실전 상황에서 써 본 적이 거의 없기 때문이다.

'언어 생활력'이 생기려면 말 그대로 실생활에서 언어를 접하는 것이 참 중요하다. 공부를 통해서 접하는 언어는 학문이지 생활과는 거리가 멀다. 영어로 시험 문제를 백날 풀어 봤자 한 시간도 영어로 대화할 수 없다면 그게 무슨 소용이 있겠는가? 아니, 한 시간은커녕 3분 정도의 자기소개도 소화할 수 없는 것이 대다수 학생들의 현실이다.

내가 접해 본 학생들 가운데 상당수가 영어 점수는 잘 받아 오는 그런 학생들이었다. 그런데 왜 굳이 과외 선생님으로 나를 뒀냐고 묻자, 점수는 잘 나오는데 일상에서 영어를 주로 말해야 할 유학 생활을 생각해 보니 눈앞이 깜깜하다는 것이었다. 매일같이 서양인들을 마주하고 공부뿐만이 아니라 레크리에이션, 식사 등

등을 함께해야 할 기숙사 생활을 생각하니 가슴이 답답하다는 것이었다. 그렇다. 우리나라 영어는 너무 공부에 치우쳐 있기에 공부 외의 방면에서는 열등하다는 결론이 나올 수밖에 없다.

생활력이 있는 영어란 말 그대로 일상생활 속에서 나 자신에게 힘이 되어 줄 수 있는 살아 있는 영어를 말한다. 하지만 많은 경우 자신에게 힘이 되기는커녕 오히려 영어 때문에 사는 게 힘들다 하니 이 무슨 꼴이란 말인가? 어떻게 수업 시간에 쓰는 영어가 더 쉽고 친구 사이에 오가는 말들이 더 생소하게 느껴지는 것인가?

교육은 중요하다. 하지만 교육만으로는 체화되지 않는 것이 언어다. 교육으로써 해결이 안 되는 것이 영어라는 장벽임을 많은 성인들이 인정한다. 그렇다면 나는 어떻게 영어를 습득했는가? 나는 원어민이다. 하지만 원어민 중에서도 교수가 있고 거지가 있듯이 영어 수준에서도 격차가 벌어진다. 나는 내가 하는 영어가 교수 수준의 영어라고 자신한다. 조기 교육을 받아서인가? 아니다. 단언컨대, 영어 교육이 나 자신을 지금의 이 자리에 있게 만들어 준 것은 아니다. 내 대학교 성적은 상위권이었지만 고등학교 시절까지만 해도 나는 평범한 성적을 유지하던 학생이었다. 지금의 내 영어 수준의 밑거름은 학교 교육으로 익힌 틀에 갇힌 영어가 아니라, 놀이와 생활 속에서 몸으로 부딪치면서 익힌 유연하고 풍부하고 생활력 있는 영어다. 생활력 있는 살아 숨 쉬는 영어라야 비로소 언어로 기능할 수 있고, 거기에 교육과 독서가 더해져 확장성 있는 영어가 될 수 있다. 머리로 익힌 것은 쉽게 휘발되지만, 놀이로 몸으로 익힌 것은 필요한 순간 바로 튀어나온다.

내가 대학교에서 자유자재로 영어를 구사하며 동서양인들과 교류할 수 있었던 이유는 어렸을 때부터 그들과 호흡을 같이했기 때문이다. 우리 고등학교에서 공부를 못하던 아이들도 미국 대학 가서 잘만 적응할 수 있었던 까닭은 교육에 있지 않았다. 우리들 간의 놀이에 그 해답이 있었던 것이다. 영어가 곧 우리의 놀이이자 생활이었기 때문에 자연스레 생활력이라는 근육이 탄탄한 영어를 습득할 수 있게 되었다.

국제시장을 가 보아라. 남대문을 가 보아라. 정식 학교에서 앉아서 배우지는 못했지만 삶터에서 배운 생활력 있는 영어는 돈벌이가 된다는 것을 피부로 느낄 수 있을 것이다. 수많은 장사꾼들이 무슨 시간과 돈이 있다고 과외 공부 하나 제대로 했겠는가? 하지만 많은 관광객들이 이들에게 돈을 내고 물건을 사 가고 있다. 일단 의사소통이 된다는 것 아니겠는가?

개개인의 영어 능력이 꼭 학교 시험으로만 결정되는 것은 아니다. 생각해 보라. 한류 열풍의 선구자 중의 한 사람인 박진영 사장이 TOEFL을 쳤는가, 아니면 TOEIC을 쳤는가? 그런데 우리나라 문화를 해외에 알리러 직접 연예인들을 데리고 다닐 만큼 영어 생활력이 있는 분이다.

연예인 이야기를 꺼낸 김에 가수 싸이의 성공을 빼놓을 수 없다. 그는 자기만의 생활력 있는 영어로 국제 뮤직 비즈니스 세계에서 성공적으로 의사소통하는 것을 보여 준 최고의 스타다. 그가 활동을 하면서 항시 통역을 대동했다는 말을 들어 본 적이 없다. 싸이가 영어 강사도 아니고 영어 전공자도 아닌데 영어를 알면 얼마나 알겠는가? 그런데도 그는 자신의 음악 홍보를 위해 영어로 입을 열기를 망설이지 않는다.

직업 특성상 연예인처럼 학교 성적이 낮은 사람들도 없다. 특히 외국어 수업에서 좋은 성적을 받기란 쉽지 않다. 하지만 싸이를 비롯하여 수많은 연예인들이 해외에서 외국어를 자유자재로 구사하며 연예 활동과 생활을 해 나가고 있다. 그들이 교수 수준의 영어를 하지는 못할지라도 소득 수준으로 보아 생활력이 강한 영어를 구사하고 있음을 삶으로 증명하고 있다.

우리나라에서 이렇게 생활력이 있는 영어를 구사하는 사람들은 아쉽게도 극소수일 뿐이다. 성인이 되어서도 영어 공부에 목매는 까닭은 영어로 성공하여 삶의 질을 높이자는 취지일 터인데, 막상 현실은 영어 때문에 인생 스트레스 받는 사람들이 대다수다.

나는 영어 학원 강사로서도 짧게나마 일한 경력이 있다. 학원에서 만난 학생들은 초등학생부터 중학생까지 연령이 다양했다. 다 성인 이전의 학생들이였기에 학원은 아이들에게 노래와 다양한 게임을 통해 영어를 습득하게 할 것을 종용했다. 학원의 생각은 꼭 들어맞았다. 매일 앉아서 수업 듣는 학생들과는 다르게 놀이를 통해 아이들에게 영어를 할 기회를 주자 아이들이 타 학원의 학생들에 비해 훨씬 더 자연스럽게 영어를 하고 있었던 것이다. 심지어 학원 학생들끼리 수업 시간에 아웅다웅하면서도 영어를 쓰는 등 아주 효과적으로 언어를 생활에 흡수했다.

여기서 내가 말하고자 하는 요점은 간단하다. 영어 공부를 아무리 기를 쓰고 해도 언어가 습득이 되지 않는 이유는, 언어 능력은 공부에서만 나타나는 것이 아니기 때문이다. 남녀노소 불문하고 언어를 어떤 경우에 많이 사용할까? 공부할 때 많이 사용할까 아니면 실생활에서 많이 사용할까? 답은 의외로 간단하다. 그 언어가 영어가 아니라 국어라면 당연히 일상생활에서의 사용이 더 빈번할 것이다.

공부를 통한 영어에 실망하자. 공부를 통한 영어 습득을 포기하자. 더 이상 생활력 없는 죽은 영어를 익히는 데 공을 들이지 말고 이에 대해 포기 선언을 하자. 앞으로의 영어는 생활력이 강한 살아 숨 쉬는 영어가 되어야 한다.

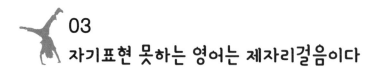

03
자기표현 못하는 영어는 제자리걸음이다

"오렌지 쥬스 플리즈."

내가 아는 어떤 친구는 영어를 자유자재로 구사하는 듯하다. 발음은 시원치 않지만 외국인 스튜어디스 앞에서도 당당하게 자기 의사 표현을 할 줄 알기 때문이다. 그런데 그렇게 멋있어 보이던 그녀가 눈물이 그렁그렁한 채 내게 깜짝 놀랄 만한 말을 던져 왔다.

"넌 좋겠다. 영어로 하고 싶은 말 다 할 줄 알아서."

그래서 알게 된 그녀의 비밀은 자기 의사 표현에 있었다. 사실 그녀는 주스가 아니라 '화이트 와인'이 마시고 싶었는데 발음에 자신이 없었던 것이다.

친구가 정확한 자기 의사를 표현하지 못한 채 어처구니없는 말들을 일삼는 이유가 발음과 단어에 자신이 없어서라는 이야기는 나로선 생각지도 못했던 것이었다. 나는 아주 놀랄 수밖에 없었다.

그녀를 상대하는 외국인들은 답답해하지 않았기 때문이다.

여기서 꼭 한마디 하고 싶다. 자기표현을 못하는 영어는 자기 개발이 없는 언어다. 언제나 상대방에게 맞춰서 상대방이 알아듣는 말만 하려 한다면 자신의 의사 표현 개발은 언제 하겠는가?

안타까운 사실은 내 친구만 그런 게 아니라 우리의 아이들도 마찬가지다. 학교에서 내주는 영어 단어 숙제는 달달 외우지만 막상 외국인과 의사소통을 시키면 몸을 배배 꼬거나 도망가기 바쁘다. 간혹 외향적이라서 도망가지 않는 아이들도 자기가 진짜로 표현하고 싶은 말은 못하고 겨우 "하이, 마이 네임 이즈 ….".라며 상대방이 궁금해하지도 않는 엉뚱한 말만 하는 경우가 태반이다.

반면 자기표현이 적확하고 분명한 사람들 중에는 국민 모두가 알고 있는 피겨 요정 김연아 선수가 있다. 그녀는 비록 거창하게 말을 하지는 않지만 짤막하게나마 자신이 느낀 점이나 우승 소감 등을 솔직하게 표현할 줄 안다. 김연아가 UN에서 연설을 할 때 자기가 전달하고 싶은 메시지가 담긴 자기표현을 하지 못하고, 앵무새처럼 아는 단어들만을 문장으로 조합하여 내뱉었다고 생각해 봐라. UN 홍보대사의 명성이 한순간에 사라졌을 수도 있다.

미국 고등 교육에서 가장 우선시하는 것이 자기표현이다. 때로는 학교들끼리 토론 팀을 꾸려서 서로 경쟁하기도 한다. 토론을 통해 때에 맞는 자기표현을 훈련시키는 방법이다. 이처럼 꼭 공부로만 자기표현력을 키우는 것이 아니다. 미국 사회는 자기를 잘 알리는 방법으로 스피치를 중요시하기 때문에 이렇게 토론이라는 경쟁이 심한 게임을 통해 아이들을 훈련시키기도 한다. 자기표현에 있어서 가장 중요한 것은 옷차림도 태도도 아닌 언어 그 자체다. 설사 스피치를 못 외워 읽어 내려가더라도 힘 있는 말 한마디가 아이를 학생회장으로 만들 수도 있다.

대통령 후보들이 제일 공들이는 것이 무엇인 줄 아는가? 바로 스피치다. 자기표현을 정확하게 말로 해야 사람들이 들어 주기 때문이다. 그런데 영어를 잘 구사하지 못해서 자기표현을 망쳐 버리는 것처럼 불쌍한 일이 없다.

반기문 총장의 영어 스피치를 들어 봐라. 반기문 총장은 솔직히 말해 발음도 매끄럽지 않고 영어 구사력도 너무 어려운 단어를 많이 쓰다 보니 꼭 좋은 편은 아니다. 그런데도 전 세계를 대상으로 자기표현을 정확하게 하고 있지 않은가? 자기표현이 되니 언제나 자기 개발이 뒤따른다. 감히 반기문 총장보고 자기표현력과 자기 개발이 부족하다고 할 사람은 이 세상 어디에도 없다.

그럼 자기표현이란 어떻게 정의되는가?

자기표현은 한 사람의 의사와 생각을 상대방에게 정확히 흐트러짐 없이 전달할 수 있을 때 이루어지는 것이다. 아무리 훌륭한 언어력을 구사한다 해도 자신의 진짜 생각을 전달한 것이 아니라 문법과 단어 체계 속에서 놀아난 것이라면 그것은 자기표현이라 할 수 없다. 그저 시간 낭비일 뿐이다.

아이들에게 있어 중요한 것은 영어 단어를 많이 외우는 것이 아니다. 단어를 수백 개, 수천 개씩 외운다 해도 막상 의사소통을 할 때 기억나는 것이 두세 개 정도라면 어리석은 교육 방법에 시달리고 있는 것으로 볼 수밖에 없다.

다음 대화를 보고 문제점을 찾아봐라.

"헬로우, 마이 네임 이즈 철수. 하우 메이 아이 헬프 유?"

(안녕하세요. 제 이름은 철수입니다. 무엇을 도와드릴까요?)

"오우 하이. 유 캔 스피크 잉글리쉬. 소우 철수, 하우 캔 아이 파인드 더 배스룸?"

(오우, 안녕하세요? 영어를 하실 줄 아는 군요. 철수씨, 화장실이 어디에 있나요?)

"어, 워크 라이트, 덴 고우 레프트, 앤 턴, 어, 아이 돈트 노우. 쏘리."

(어, 오른쪽으로 걸어가서 왼쪽으로 돌고, 또 돌고, 어, 모르겠네요. 미안합니다.)

참 황당한 시추에이션이다. 도와준다고 해 놓고 어휘력, 표현력이 달리자 알면서도 모른다고 해야 했던 것이다. 이 비슷한 경우가 실제 있었는데 그 친구는 너무 답답해서 아예 자신의 일을 제쳐 놓고 먼 화장실까지 외국인 관광객을 바래다줬다고 한다. 단어 몇 개만 더 생각났더라면 벌어지지 않았을 해프닝이다.

또 다른 사례들을 살펴보자.

A씨는 평소 말이 많다. 하지만 영어로 자기소개를 할 때는 자신을 인트로버트introvert : 내향적인 사람이라고 소개한다. 가장 많이 쓰는 표현은 샤이shy : 부끄럼을 많이 타는, 수줍어하는, 자신감이 없는이라는 단어다. 영어로 자기표현을 못하니 숫제 꿀 먹은 벙어리로 있겠다는 심산으로 미리 방어벽을 치는 것이다.

B씨는 공무원이다. 하지만 정부government라는 단어가 쓰기는 쉽지만 발음하기 불안해서 결국 자신을 정부 일을 하는 사람이라고 표현하지 못하고 worker일꾼이라는 저렴한 표현으로 대신한다. 영어로 공무원은 government worker이다. 그런데 발음이 어려워 government를 빼고 그냥 worker라고만 자기를 소개하기 때문에 B씨는 종종 하루하루 근근이 벌어먹고 사는 육체노동자로 오해받기도 한다.

위의 상황들이 다 자기표현을 제대로 하지 못해서 벌어지는 일이다. 그로 인한 스트레스는 또 오죽하겠는가.

자기표현을 제대로 하지 못하기는 인터넷 신문 기자들도 마찬가지다. 며칠 전에 미국 대통령 버락 오바마가 연회장에서 코미디언을 고용해 즐거운 분위기를 만들었다는 기사를 영어로 읽었다. 그런데 한국어 기사가 가관이었다. 오바마와 코미디언이 함께 나오는 동영상을 달랑 하나 올려놓고 이에 대한 자기표현을 못한 것이다. 기사는 자고로 기자의 생각도 일부 들어가 있어야 자기만의 색깔이 있는 글이 완성되는데, 그저 코미디언이 한 말을 일부 번역해 놓은 것이 전부였다. 너무나도 아쉬움이 많이 남는 기사였다. 영어를 번역할 수 있는 수준의 기자들조차도 위트 있거나 코믹한 분위기를 해석해 자기표현을 담아내는 것을 어려워하니 보통 사람들은 말할 것도 없다.

왜 재미있고 즐거워야 할 영어 에피소드가 이렇게 아쉬움이 남는 한국어 번역 기사가 돼버렸는가? 바로 언어의 기본인 자기표현에서 꼬여 버렸기 때문이다.

자기표현이라 하면 흔히들 "마이 네임 이즈 ···."로 시작한다고 생각한다. 하지만 내가 말하는 자기표현이 살아 있는 영어는 그렇게 중1때부터 달달 외워 온 제자리걸음 수준의 저렴한 표현력이 아니다. 어휘, 발음, 표현력의 제한으로 진짜 말하고 싶은 것과 다른 내용을 말한다면 그것은 자기표현이 아니다. 우리가 한국어로 전하고 싶은 뜻을 분명히 표현하듯이, 영어로도 내가 말하고자 하는 뜻을 분명히 전달할 수 있어야 진정한 자기표현이다. 한국의 영어는 이렇듯 수준 향상이 필요하다.

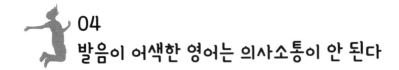

04
발음이 어색한 영어는 의사소통이 안 된다

가끔씩 영어 발음 때문에 당황스러울 때가 있다.

일명 콩글리쉬를 접하고 어떤 반응을 보여야 하는지 헷갈릴 때 말이다. 상대방이 분명 영어를 하는데 발음이 너무나 어색해 과연 내가 잘 알아듣고 있는 것인지 불분명할 때 참 난처하다. 요즘 들어 많은 학원 강사들이 '영어로 대화를 나눌 때 발음은 그리 중요하지 않다'고 말한다. 심지어 반기문 총장의 발음을 예를 드는 어처구니없는 경우도 봤다.

발음이 과연 의사소통을 하는 데 있어 결정적인 역할을 하는가? 내 대답은 '그렇다'이다. 그렇다면 왜 많은 성인 영어 학원 강사들이 발음은 중요치 않다고 가르치는가? 그건 이미 성인들은 발음이 굳어져 버렸지만 그래도 희망을 놓지 말라는 뜻으로 말해 주는 것이다. 이 책에서는 성인 발음 교정은 다루지 않는다. 어린 우리 아이들이 영어 발음을 잘 습득하도록 도움이 되고자 할 뿐이다.

물론 학원 강사들도 다양한 영어를 구사한다. 심지어 학교 선생님을 하면서 필리핀식 영어를 자신 있게 구사하는 사람들도 있다. 필리핀식 영어는 서투른 언어로 유명하다. 문법과 단어 선정이 매끄럽지 못하기 때문이다. 하지만 필리핀은 영어권으로 인정을 받는 나라인 반면 '콩글리쉬'는 그저 한국인들이 영어 발음을 잘 못해서 생겨난 신조어일 뿐이다. 그 어느 나라에서도 인정을 받는 발음이 아니라는 뜻이다.

발음이 그렇게 중요한가?

나는 호주 브리즈번에서 온 한 남자와 어렵게 대화를 나눈 적이 있다. 그가 사투리를 써서 정말 알아듣기 힘들었다. 그 남자는 내가 자유자재로 미국식 표준 영어를 구사한다는 점에서 마음에 들어 하기도 하고 부러워하기도 했다. 이처럼 발음에 따라 영어도 수준 차이가 난다고 할 수 있다.

그렇다면 한국인들이 영어를 못한다는 말을 듣는 이유는 무엇일가? 혹시 일본인들처럼 받침을 다 빼고 말하는 것은 아닌가? 그건 아니다. 하지만 한국인들은 발음에 있어서 좀 유연하지 못하고 딱딱하다. 예를 들어 미국 사람이 '햄벌걸hamburger'이라고 발음한다면 우리는 '햄버거'라고 딱딱 끊어서 말한다. 그것뿐이 아니다. 우리는 영어라고 생각하고 쓰지만 사실은 일본에서 건너온 잘못된 영어일 때도 있다.

"오라이, 오라이."

우리 아이들은 대개 '오라이'라는 단어를 들으며 그것이 영어라 생각하고 자란다. 차를 세울 때 흔히들 쓰는 표현이다. 하지만 이 단어는 일본을 거쳐 들어온 영어로 원래 발음은 '어라이트alright'라 고 해야 옳다. 이렇게 일본을 통해 잘못 들어온 영어 단어 때문에 아이들이 많이들 헷갈려 한다. 우리끼리는 통하지만 막상 외국인 들은 알아듣지 못하는 영어를 우리끼리 쓰다가 발음 때문에 망신 을 당하는 경우도 많다.

그렇다면 대한민국의 미래인 우리 아이들이 학교에서 쓰는 영 어는 어떠한가? 한마디로 딱딱하다. 흔히 영어권에서 온 사람이 한국어를 쓰면 버터 먹었냐는 등 농담을 하곤 하는데 실제 반대로 생각하면 현실은 이렇다. 외국인들의 귀에 우리 아이들이 하는 영 어가 어떻게 들릴까? 한 유학생이 영어로 열심히 프레젠테이션을 했는데 돌아오는 반응은 말 사이에 마침표가 많이 들어간 것처럼 들렸다는 것이었다. 즉, 굴려야 할 때 굴리지 못하고 단어를 입에 물고 멈칫거리기 때문에 알아듣기 힘들었다는 말이다.

아이들이 영어를 어려워하는 이유는 알파벳이 많아서도 아니 고 철자가 복잡해서도 아니다. 발음이라는 문턱을 넘기가 어렵기 때문이다. 유학이 아닌 이민을 간 아이들의 경우 F.O.B.Fresh Off the Boat: 배에서 방금 내렸다라는 불명예스러운 별명을 떠안는다. 이민 갈 정 도의 수준이라면 이미 영어를 어느 정도 터득했을 테지만 발음에 있어서 문제가 크기 때문이다. 이들은 일정 수준의 단어 실력도 있고 영어로 기본적인 의사소통이 되는데도 발음에 있어서 문제가 크기 때문에 놀림을 받는다.

보통 한국에서 많이 쓰는 표현 중에 '아 다르고 어 다르다'라는 말이 있다. 우리나라 말, 곧 국어를 하는 데도 발음을 따지는데 하물며 외국어는 더하지 않겠는가? 영어를 몇 마디 못해도 발음이 오리지널에 가까우면 칭찬을 받는 세상이다. 설사, 대놓고 칭찬은 하지 않더라도 취업 세계에서는 유창한 발음이 플러스가 된다.

아리랑 TV를 보라. 아나운서들과 MC들은 딱히 어려운 말을 골라 하지 않는다. 하지만 대신 안정감 있게 또한 또렷하게 미국 원어민 발음으로 진행을 한다. 그렇기에 아리랑 TV는 우리나라의 대표적인 수출용 방송으로 자리 잡고 있다. 해외에서 선호하는 발음으로 뉴스 및 다른 프로그램들을 진행하기에 인기몰이를 하는 중이다. 아무리 방송 내용이 좋더라도 만일 발음이 왔다 갔다 하거나 형편없는 수준이었다면 아마 대한민국의 해외 수출 프로젝트로서 실패했을 것이다.

그렇다면 발음이 좋다는 것은 무엇을 기준으로 판단하는가? 영어권 발음도 다양하지 않은가? 왜 거기에 콩글리쉬가 좀 끼면 안 되는가? 결론부터 말하자면 콩글리쉬로는 의사소통이 되지 않는다. 콩글리쉬는 영어가 아니다. 왜냐하면 한국은 엄연히 영어권 국가가 아니기 때문이다. 문법이 좀 틀리더라도 필리핀 영어는 영어권에서 나름 인정을 받는 이유가 여기에 있다.

나에게 무슨 자격으로 타인의 영어 발음을 판단하냐고 묻는다면 나는 자신 있게 내 이력을 말할 수 있다. 나는 유아원 시절부터 미국식 영어를 구사하며 자랐다. 특히 TESOL 자격증을 딸 때 내 이력이 두드러지게 표가 났는데, 나는 스탠다드standard 발음 곧 미국식 표준 영어를 구사한다. 미국 영어도 지역에 따라 발음 차가 나는데 그중 북부 매사추세츠 발음이 표준 영어에 제일 가깝다. 그런데 내가 쓰는 영어가 바로 이 지역 발음인 것이다.

앞서 말했듯이 영어는 지방색이 강하다. 때로는 틀림없는 미국식 영어를 하는데도 표준 영어에서 벗어났기에 비웃음의 대상이 되곤 한다. 이 책에서는 미국식 영어만 논할 것이다. 국제 표준어가 미국식 영어이기 때문이다. 나는 미국 남부 지역에 있는 대학을 다녔는데, 캠퍼스에서는 학생들이 다들 표준 영어를 쓰려고 애쓰는 것이 티가 났다. 심지어 남부 출신인 것을 창피해하는 영어 전공자도 있었다. 그 이유는, 대개 미국 학계에서는 남부 지역 발음을 하면 못 배운 티를 낸다고 생각하기 때문이다.

어쩔 때 보면 일부러 남부식 영어를 따라 하는 사람들도 있었다. 이유인즉 서양 여자가 남부식 영어를 적절히 구사하면 성적 매력이 높아진다고 생각하기 때문이다. 마치 '바람과 함께 사라지다'의 스칼렛처럼 말이다.

하지만 반대로, 클린턴 대통령은 아칸소라는 남부 지방에서 왔지만 대통령으로서 연설을 할 때 결코 남부 지방 영어를 쓰지 않왔다. 영어가 발음에 따라서 어감이 달라진다는 것을 알고 있었기 때문이 아닐까?

이처럼 발음에 따라 영어의 매력과 퀄리티, 곧 수준이 결정된다. 현실이 그렇기에 영어를 하려고 하는 우리 아이들도 표준 영어 발음을 습득해야 나중에 성인이 되어 후회를 하지 않는다. 영어 발음은 커뮤니케이션에 중요한 역할을 한다. 유창한 발음이 원활한 의사소통을 도울 뿐만 아니라, 발음을 통해 내가 표현하고자 하는 느낌과 스타일을 강조할 수도 있기 때문이다.

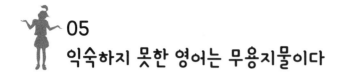

05
익숙하지 못한 영어는 무용지물이다

무슨 일에 지원을 하든지 간에 회사 측에서는 지원자의 경력을 많이 따진다. 실력을 파악하기에 앞서 경력을 따지는 것이다. 왜 그럴까? 그 이유는 지원자의 실력도 중요하지만 지원자의 경력이 실력을 결정짓는 데 중요한 역할을 하기 때문이다. 하물며 한국 속담에도 '서당 개 3년이면 풍월을 읊는다'고 하지 않는가? 일이 익숙할수록 그만큼 능률이 높아지기 때문이다.

영어도 마찬가지다. 평소에 늘 접해서 익숙해야 필요할 때 바로바로 써먹을 수 있지, 아무리 영어를 잘한다 하더라도 한 10년 동안 영어와 단절된 채 살아간다면 그만큼 실력에 녹이 슨다.

익숙하지 못한 영어는 무용지물이다. 영어를 매일 듣고 사용하는 사람과 영어와 단절된 채 비영어권 나라에서 해외 살이를 하는 원어민을 비교해 보면, 개인의 영어 수준에 따라 편차는 있겠지만 대개 영어를 매일 듣고 사용하는 사람이 날이 갈수록 실력이 나아지는 것을 볼 수 있다.

나도 그렇다. 내가 비록 원어민 수준의 영어를 구사한다 해도 한국에서는 영어를 많이 쓸 일이 없다 보니, 나는 내 영어 수준이 쇠퇴할까 봐 영어 서적을 자주 접하려 노력한다. 아무리 잘하는 영어라도 익숙하지 못하면 무용지물이 되기 때문이다.

익숙해야 영어가 입 밖에 나온다. 나는 20일 전에 출산을 했다. 그런데 계획대로 갓 태어난 아이에게 영어로 말을 걸자니 어색하기 그지없었다. 아무리 입에 밴 말이라도 매일 쓰는 언어가 한국어니 아이에게 뭐라 말을 해야 할지 모르겠는 어처구니없는 상황이 벌어진 것이다.

우리 아이들이 시험 준비를 할 때 항상 하는 일이 바로 출제 예상 문제집을 풀어 보는 것이다. 이처럼 비슷한 상황을 만들어 연습할 때 비로소 아이가 그 문제에 익숙해진다. 익숙하지 않은 문제는 실전에서 당황하여 헷갈릴 수 있고 틀리기 십상이다.

영어도 마찬가지다. 매일같이 사용하는 언어처럼 영어를 습득하려면 그런 환경을 조성해야 한다. 익숙하지 못한 영어를 어디에다 쓰겠는가?

다음 장면을 보라.

평창 올림픽을 위한 시설들이 뜨거운 열기 속에 준비되고 있다. 이제 곧 평창에서 겨울 올림픽이 펼쳐진다. 김연아는 은퇴했지만 국민들은 아직도 많은 우리 선수들이 새로운 역사를 쓸 거라는 기대감을 갖고 있다. 이들은 타고난 운동 신경도 발달했고 거의 평생을 운동에 바친 사람들이다. 그런데도 이 선수들이 항상 하나같이 강조하는 단어가 있다. 바로 '연습'이다. 피나는 노력 끝에 배운 기술들도 꾸준한 연습이라는 단련 과정을 거치지 않으면 내 것으로 익숙해지지 않기 때문이다.

나도 마찬가지다. 나는 영어에 미친 사람이다. 대학에서도 영어 커뮤니케이션을 전공했고, 현재 집필한 영어 소설을 미국 출판계에 피칭하여 연락을 주고받으며 영어권 국가에서의 출판을 준비하고 있다.

이런 실력을 가지기 위해 나는 꾸준히 노력했다. 영어 과목을 제일 좋아했기에 집에 오면 학교에서 배우지 않은 단어들을 따로 외우기도 했다. 때로는 사전을 펴놓고 소설 읽듯이 독파하기도 했다. 원어민으로 길러졌는데도 이렇듯 따로 피나는 노력을 했던 이유는 하나다. 뭐든 익숙해야 성공하기 때문이다.

어제는 택연이 '삼시세끼'에서 감자전 만드는 것을 봤다. 택연은 난생 처음으로 감자전 만들기에 도전했다. 처음에는 익숙하지 않아 솥뚜껑을 프라이팬 삼아 조심스레 조그마한 전을 만들더니 갈수록 전의 사이즈가 커졌다. 익숙해지니 자신감이 붙었기 때문이다. 이처럼 요리에 있어서도 익숙한 것과 익숙하지 못한 것이 차이가 나는데 하물며 언어는 더하지 않겠는가?

나는 제왕절개로 출산을 한 지 3주가 다 되어 간다. 아이를 낳고 산후조리를 하며 다시 걷기 운동부터 시작하는데, 한 1주일 누워 있다가 산책을 하려 하니 배가 아프다. 잠시나마 쓰지 않았던 근육들을 이완하며 쓰려니 고통이 따른다. 익숙했던 걸음걸이를 되찾으려고 아직도 조금씩 걸으며 회복 중이다. 이처럼 익숙한 것, 몸에 밴 것이 사라지기 전에는 그 익숙함이 우리에게 얼마나 큰 도움을 주는지 모른다.

오늘은 '무한도전'에서 익숙함의 위력을 봤다. 하하와 정준하가 자신들이 포상 휴가를 받았다는 것을 믿지 못하는 것을 보면서, 얼마나 김태호 PD에게 사기당하는 것에 익숙해져 있기에 저럴까 싶어 불쌍한 생각이 들었다. 하지만 무한도전 멤버들은 사기당하는 데 익숙했기 때문에 방콕 공항에서 김태호 PD가 그들의 여정을 바꿨을 때도 짜증은 냈지만 별로 놀라워하지 않았다. 금방 적응을 해 버린 것이다.

언어도 똑같다. 적응해 버리면 그만이다.

"What comes after evaporation is precipitation."

(물의 증발 후에 나타나는 현상은 강수다.)

나는 잠꼬대도 가끔씩 영어로 한다. 학창 시절 한번은 과학 프레젠테이션을 준비하는 데 너무나도 많은 시간을 투자하다 보니 절로 익숙해졌었나 보다. 어머니께서 내 방에 와서 잘 자는지 확인을 하시는데 내가 자다가 벌떡 일어나서 발표를 하고 잤다는 것이다. 이처럼 익숙해진 영어는 아무 때나 튀어나올 정도로 사용할 준비가 되어 있다.

대한민국에서 영어를 쓰다 보면 아무리 잘하는 사람일지라도 종종 실수를 하는 걸 보게 된다. 이것은 자신이 쌓은 좋은 이미지를 깎아내리는 것이나 다름없다. 이런 실수를 하지 않거나 만회하려면 영어랑 좀 더 친근해져야 한다. 우리나라 영어의 미래가 어두운 이유는 영어가 우리에게 익숙하지 못한 언어이기 때문이다. 언어 환경이 불리한 만큼 우리가 원어민 수준의 영어를 내 것으로 만들려면 생활 속에서 영어에 익숙해지려는 노력을 더더욱 쏟아야 한다.

인생의 차이를 만드는
영어 놀이법

영어는
놀이다

CHAPTER 2

아이의 영어가
도움이
필요하다는
신호

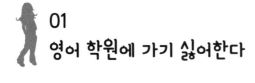

01
영어 학원에 가기 싫어한다

벌써 몇 번째 부리는 투정인지 모른다.

"아, 싫어. 안 갈래."

학원에 가고 싶어 하는 아이들은 극히 드물 것이다. 하지만 또래 아이들에 비해 조금이라도 학업에 뒤처질까 봐 학원에 보내는 것이 부모의 마음이다.

그런데 이 문제를 조금 깊이 생각해 보자. 아이가 왜 학원에 가기 싫어할까? 학원 선생님이 싫어서? 만화 영화 볼 시간과 겹쳐서? 답은 다양하다. 하지만 가장 많이 하는 답은 놀고 싶어서이다. 어린아이들은 노는 것을 좋아한다. 그런데 이렇게 놀기 좋아하는 아이들을 앉혀 놓고 공부시키자니 학원 선생님도 고생이고 아이도 고역이다.

문제를 다른 방면에서 생각해 보자. 요즘 학원들은 게임도 하고 갖가지 재미있는 프로그램을 넣어서 아이들을 기쁘게 해 주고자 한다. 만일 그런데도 학원에 가기 싫어한다면 문제는 내 아이한테 있는 것이다.

무엇이 문제일까? 우리 아이가 영어 학원에 가기를 거부한다면 아마 영어가 들리지 않거나 벌써 학업에 뒤처졌기 때문일 가능성이 높다. 그러니 학원에 가기 싫다고 한다면 그 아이가 도움을 필요로 한다는 신호일 가능성이 높다.

학교보다 학원에 가기 싫어하는 아이들이 더 많은데 그것은 어떤 이유에서일까?

학교에 가면 공부도 하지만 쉬는 시간에 친구들과 어울려 놀기도 한다. 그런데 학원에 가면 대개는 공부할 시간밖에 없다. 그렇기에 아이들이 학교는 생활, 학원은 공부라고 인식하고 있을 가능성이 높다. 내가 하고 싶은 말은 아이가 학원에 가기 싫어하면 그 이유를 찾아보라는 것이다. 만에 하나 집단 괴롭힘을 당하는 것이 아니라면 아이는 아마도 놀고 싶은 마음에 자신의 시간에 족쇄를 채우는 학원을 멀리하는 것이다.

또한 영어 학원도 학원 나름이다. JLS 같은 경우는 아이들에게 인기가 좋다. SLP 같은 경우도 아이들이 선호하는 학원 중 하나다. 이 중 하나인 JLS의 커리큘럼을 보면 노는 시간이 많다. 그 말에 학부모들이 경악할 수도 있다. 내가 내 귀한 돈 내고 아이들 공부시키려는데 노는 시간이 많다고? 하지만 그 노는 시간도 다 영어로 노는 시간이다. 영어를 하기에 앞서 가장 중요한 것은 아이가 언어를 습득하는 환경을 좋아하도록 격려하는 것이다.

우리 아이가 영어 학원에 가기 싫어하는 것이 나이 때문일 수도 있다. 그렇다면 학원에 보내는 나이는 언제가 좋은가? 그것은 아이마다 다르다. 핀란드와 이스라엘 등 언어가 발달한 나라들을 대상으로 한 연구 결과에 따르면 아이들이 너무 이른 나이에 글씨를 접하면 언어 능력이 현저하게 떨어질 수 있다고 한다. 우리가 아이들을 8세 이전에 학원으로 내몰면 아이들은 학원에서 당연히 알파벳부터 배우기 시작한다.

문법과 언어를 담당하는 좌뇌는 7세 이후로 개발이 되는 반면 창의력 담당인 우뇌는 7세 이전에 가장 많이 발달한다. 그렇기에 억지로 언어를 일찍 가르치면 아이가 스트레스만 받을 뿐 별로 득이 되지 않는다. 오히려 창의력을 키울 기회만 놓치게 될 수도 있다. 우리나라에는 다양한 조기 영어 교육 방법이 시행되고 있다. 이것이 성에 차지 않아 해외로 아이들을 조기 유학 보내는 부모도 있다. 그런데 앞서 말한 연구 결과에 따르면 너무 이른 나이에 언어 공부를 하는 것은 유익하지 못하다고 한다. 뇌의 성장이 교육을 따라잡지 못하기 때문이다.

아리스토텔레스는 말했다.

"최상의 교육은 놀이를 통해서 하는 것이다."

정답이다. 학원에서 아이가 적응을 못하는 이유는 단순하다. 아이를 나이에 맞지 않게 학원에 너무 일찍 또는 너무 늦게 보냈거나 혹은 아이는 놀고 싶어 안달인데 학원 환경이 놀이와 먼 경우이다.

여기에서 한국 영어 교육의 문제점이 확연히 드러난다. 선진적인 유태 교육이나 북유럽 교육과는 거리가 멀게 우리나라에서는 아이들이 주입식 교육만을 통해 언어를 접한다는 것이다. 한창 놀면서 즐겁게 영어를 배울 수 있는 나이에 놀이식 영어 학원에 보내지 않고, 대개는 아이의 성적이 떨어지거나 학업이 부진하면 그제야 뒤늦게 사교육을 찾는 경우가 많다. 그때는 이미 연령대가 높아졌기 때문에 학원에서 놀이로 영어를 자연스럽게 접하기보다는 시험 대비를 목적으로 공부하는 경우가 대다수다. 영어 선생님으로서 우리나라의 영어 교육 현실과 우리 아이들을 지켜보면 정말로 아쉬운 점이 많다.

영어 학원에 가기 싫어하는 A군을 만나 봤다.

"학원에 가면 학교의 연장선이라는 생각밖에 안 들어요. 매일 단어 외우고 문법 교육 받고 하는 것이 어디 즐거워야 또 오고 싶다는 생각이 들죠."

그렇다. 한국의 학원들은 대다수가 강의를 통해서 교육을 하려하는 기관들이지 아리스토텔레스의 말처럼 놀이를 통해서 교육을 하려는 곳이 드물다. 이런 상황에서 그 어떤 건강한 아이가 놀 수 있는 시간에 학원에서 공부를 하려 하겠는가?

B양의 예를 들어 보자.

B양은 학원 뺑뺑이로 유명한 강남구에 산다. 학교 끝나고 집에 가면 같이 놀 애들이 없을 정도로 아이들이 바쁘게 생활하는 곳이다. 친구 생일 파티에 참석할 시간조차 허락되지 않아 가장 친한 친구 몇 명만 초대해서 조촐하게 보낼 정도다. 현재 초등학교 3학년인 B양은 1학년 때 강남구로 이사 왔다. 일찍 강남 물을 먹었다고 볼 수 있는데도 벌써 또래들에 비해 영어 공부가 뒤처졌다는 생각에 서둘러 영어 학원에 등록했다. B양은 학원 등록 시험을 치르던 날, 즉 인터뷰가 있던 날부터 영어 학원에 가기 싫어했다. 시험을 치는데 알아들을 수 없는 말들로 질문을 받고 영어를 못한다는 평가를 들었기에 더욱 가기 싫었던 것이다.

그런데 한국의 영어 학원에서 그런 심한 평가를 들었던 그녀가 해외에 나가서는 ESLEnglish as a Second Language : 영어 기초반 수업을 반 학기만 듣고 바로 서양인들과 합류했다.

어떻게 된 것일까? 그렇게 높은 영어 실력을 갖고 있었으면서 왜 영어 학원에는 가기 싫어했을까? 답은 하나다. 놀고 싶었기 때문이다. 해외에서 들은 ESL 수업은 놀이식 수업이었다. 스스로 동화책도 만들어 보고 그림일기도 그리고 쓰며 놀다 보니 자연스레 영어가 늘었던 것이다.

이처럼 학원에 가기 싫어하는 아이가 있을 때는 수업 내용을 아이에게 물어봐라. 쉬는 시간이 있는지, 아이가 어떻게 언어를 접하는지 말이다. 같은 학원 수업이라도 수업 진행 방법에 따라 아이들의 마음 상태가 달라질 수 있다.

영어 학원에 가기 좋아하는 아이들은 대개 학원 수업이 어떠냐 물어보면 재미있었다고 한다. 공부로서 영어를 대한 것이 아니라 하나의 즐거운 놀이로 언어에 대한 경험을 했기 때문이다.

학원을 싫어하는 아이를 윽박지르거나 혼내기 전에 아이에게 언어가 어떻게 전달되는지 충분히 알아보았나 생각해 보라. 괜히 싹수 좋은 아이를 싹수 노란 문제아로 낙인찍기 전에 그간 학원에서 아이가 어떻게 지냈는지 되짚어 봐라. 분명 문제는 어른들의 전달력에 있지 아이들의 흡수력에 있지는 않을 것이다.

아이가 영어 학원을 싫어하는가?

문제의 핵심은 우리 아이들이 아니라 우리에게 있다.

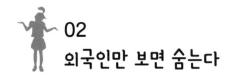

02
외국인만 보면 숨는다

최근 'PD 수첩' 976회를 시청했다. 영어 조기 교육에 관한 이 프로그램은 잘못된 조기 교육으로 인해 신음하는 아이들을 그렸다. 영어 사교육 열풍의 중심에는 어느 사립 초등학교의 영어 특화 수업이 있었다. 영어와 한국어를 함께 사용하여 수업을 진행하는 시스템이었다.

그런데 교육부에서 초등학교 1-2학년은 영어 수업을 들을 필요가 없다고 이를 금하자 학교 측에서는 편법적으로 이를 모두 방과 후 프로그램으로 돌렸다. 그리고 부족하거나 배우고 싶은 내용을 선택해서 듣는 방과 후 프로그램의 일반적인 취지와는 달리 모든 학생들이 꼭 그 수업에 참여하게 했다.

많은 학부모들이 공을 들여 자식을 공부시키면서도 한 가지 놓치는 것이 있다. 바로 학교나 학원에서 가르치는 영어 수준이 내 아이에게 적합한가 하는 점이다. 'PD 수첩'의 조사에 따르면 이렇게 공부하는 우리 아이들이 미국 아이들보다 4년 정도 더 빨리 어려운 단어를 익힌다고 한다.

그렇게 해서 우리 아이들에게 도움이 되는가? 현직 학원 선생님들에 따르면 아이들이 배우는 단어들이 널리 쓰이거나 쉽게 접할 수 있는 단어들이 아니다. 게다가 일부 학교와 학원에서는 초등학교 3-6학년을 대상으로 하는 수업에서 고등학생 수준의 교재들을 사용하기도 하는 등 문제가 많다.

이런 상황에서 과연 아이들의 영어 실력이 늘고 영어에 자신감이 붙겠는가? 답은 쉽게 드러난다. 이렇게 나이나 실력에 비해 높은 수준의 교육을 받는 아이들이 대다수임에도 불구하고 길 가다 외국인을 만나면 피하기 바쁘다. 특히 외국인이 길을 물으면 더하다.

영어 유치원은 좀 낫지 않을까? 놀면서 아이들을 가르치지 않을까? 실상 그렇지 않다. 많은 경우 감정과 본능이 발달해야 하는 이때, 곧 놀아야 할 때에, 최소 주 6시간 이상 선행 학습이라는 프로그램을 하며 아이들에게 영어 주입식 교육을 시킨다.

전문가의 고언에 따르면 아이들의 머리에 불이 난다고 한다. 한창 뛰어놀아야 할 때에 무엇을 외우는 데 에너지를 쏟다 보니 아이들이 자신감을 가질 만한 실력이 키워지기는커녕 오히려 창의성이 떨어지는 역효과가 난다는 것이다.

핀란드는 우리나라와는 다르게 많은 국민들이 영어로 의사소통이 가능하다. 국민의 70% 이상이 영어를 사용할 수 있다고 한다. 재미있는 사실은 핀란드에는 사교육이 전혀 없다. 핀란드 학교 수업의 특징은 시험도 없고 점수도 없다. 그냥 함께 놀고 말한다는 것이다.

한 핀란드 영어 선생님의 말에 따르면 영어 수업에서 아이들이 자기들끼리 말을 많이 할 수 있도록 '말하기'를 강조한다는 것이다. 학교에서 자유로운 수업 분위기 속에 영어로 대화를 주고받으며 자랐기 때문인지 일반 핀란드 상인들에게 영어로 질문을 해도 자유롭게 영어로 답한다. 외국인인 한국인을 만나도 자신감이 있기 때문이다. 그에 반해, 우리 아이들이 비싼 사교육까지 받으면서도 외국인을 보고 도망간다면 정말 문제가 큰 것이다.

핀란드의 아이들을 보라. 우리의 영어 현실과 정말 대조되지 않는가? 그렇다면 혹시 핀란드어가 영어와 비슷해서 우리보다 쉽게 배우는 게 아닐까? 아니다. 같은 유럽 언어이긴 하지만 영어와는 딴판인 언어다. 그러니 우리 아이들의 교육 방식에 문제가 있다고 말할 수밖에 없다.

한국의 학교라고 다 일방적인 주입식 교육만 하는 것은 아니다. 이름을 밝히지 않은 한국의 한 학교는 영어 연극을 통해 수업을 진행한다. 영어 동화책을 읽는 시간도 따로 만들어져 있다. 이런 자유로운 분위기에서 영어를 익힌 한 아이가 인터뷰를 하는데 자기는 영어가 좋다고 당당하게 말했다. 이런 아이들은 원어민이

다가와도 도망가지 않는다. 오히려 영어를 써먹을 기회를 만난 걸 기뻐한다.

그런데 우리 아이들은 왜 이렇게 도망가기 바쁜가? 그저 원어민의 생김새가 낯설어서라면 다행이다. 하지만 보통 원어민을 보고 도망가는 이유는 수동적으로 영어 수업만 받아 봤지 영어로 대화를 나눠 본 적이 없기 때문이 아닐까? 평소 핀란드 아이들은 영어로 아이들끼리 대화를 많이 하는 상황에 놓여 있다. 그러나 우리 아이들은 주입식 교육에 익숙해져 있다. 영어 놀이 문화에는 익숙하지 않은 셈이다.

외국인이 다가올 때 도망가는 것은 그래도 좀 낫다. 이목구비가 다르다는 핑계라도 있기 때문이다. 그런데 많은 경우 우리 아이들은 같은 한국 사람들 앞에서도 영어로 발표하거나 말하는 것에 부끄러움을 느낀다.

다음의 사례를 보자.

'1박 2일' 팀이 서울대학교에 갔다. 그리고 서울대 학생들과 수업을 함께 듣는데 재미있는 상황이 펼쳐졌다. 한 멤버가 영어 공부하러 간다며 안 되는 영어지만 마냥 즐겁게 재잘거리고 있었다. 그런데 마침 담당 교수와 마주치니 바로 한국말을 하는 것이 아닌가? 실제로 도망만 가지 않았을 뿐이지 꿀 먹은 벙어리가 된 것이다. 도망간 거나 다를 바 없는 상황이었다.

왜 이렇게 우리나라 사람들은 학생이건 성인이건 외국인을 보면 도망가기 바쁜가? 혹시 우리 아이가 집에서는 열심히 영어 공부를 하는데 밖에서는 도망 다니느라 바쁘지 않은가? 그렇다. 이것이 우리나라 영어 교육의 현실이다. 핀란드의 자유롭고 자신감 넘치는 영어 교육과는 너무나 다른 모습이다.

우리 아이들이 이렇게 된 데는 어른들이 만들어 놓은 교육 시스템의 책임이 크다고 할 수밖에 없다. 아직 준비도 안 된 아이들에게 영어 조기 교육을 시키려 들지 않나, 놀면서 얼마든지 습득할 수 있는 영어를 주입식 교육으로 망치질 않나, 정말 문제가 크다.

방금 'SIXTEEN'을 시청했다.

스타를 발굴해 내는 이 프로그램을 보면서 나는 새삼 많은 것을 느꼈다. 영어 공부를 많이 한 아이들과 달리 많이 놀아 본 아이들의 창의력이 참 대단하게 느껴졌다. 이 중 제일 막내인 나띠의 활약이 두드러졌다. 영어 팝송을 듣고 안무를 직접 짜 온 것이다. 가사에 맞춰 내용이 잘 전달되게 짜여진 이 안무를 보고 나는 다시 한 번 놀이 문화의 중요성을 상기하지 않을 수 없었다. 막내 나띠는 음악을 좋아한다. 그리고 춤을 잘 춘다. 또한 영어 노래를 듣고 해석할 줄 안다. 여기 어디에 영어 교육이 들어갔단 말인가? 그저 즐기고 놀다 보니 이루어 낸 영어 이해력이다. 그런데도 주입식 교육보다 얼마나 더 성과가 좋은가?

지금 내 아이가 잠들어 있다. 신생아이니 먹고 자는 것이 일이다. 이것 봐라. 우리나라는 표현 자체가 일 중심이다. 먹고 자는 것이 일이라니 말이 되는가? 우리나라 학부모들부터 생각하는 패러다임을 바꿔야 한다. 일 중심, 교육 중심의 문화에서 놀이 중심의 문화로 탈바꿈하지 않으면 우리 아이들이 병들게 된다.

사람이 사람을 보고 숨는 일은 없어져야 한다. 도대체 우리 아이들이 외국인들만 보면 숨바꼭질하는 것도 아니고 말이다.

사랑한다, 아이야. 숨지 마라. 당당해져라. 우리 잘못된 교육 문화를 뿌리 뽑고 재미있게 즐겁게 놀자꾸나.

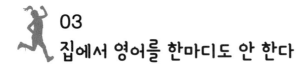

03
집에서 영어를 한마디도 안 한다

간혹 가다 부모들이 상상의 나래를 펼칠 때가 있다.

"So what is the answer?" (그래서 답이 뭐지?)

"Me, me, me!" (저요, 저요, 저요!)

"The correct answer is ….." (정답은 …입니다.)

바로 학부모들이 제일 궁금해하는 학교 영어 시간의 풍경이다. 그런데 과연 우리 아이가 "저요, 저요!" 하고 난리 치는 학생일까, 아니면 책상머리에 얼어붙어 있는 학생일까? 많은 학부모들이 이 사실을 궁금해하는 이유는 똑같다. 우리 아이들이 집에서 영어를 한마디도 안 하기 때문이다.

'중앙일보'에 따르면 한국 아동의 공부 스트레스는 세계 1위다. 설문 조사에 응한 학생들 중 18%만이 학교생활에 만족한다고 한다. 그럼 나머지 82%는 어떻겠는가?

흔히들 아이들은 공부를 시키지 않으면 하지 않는다고 한다. 하지만 역시 같은 신문에 따르면 '전교 1등에겐 극성 엄마가 없었다.' 어떤 순간에도 자녀를 믿고 기다렸을 뿐이다. 전교 1등을 한 학생은 책상을 놔두고 방바닥에 교과서를 다 펼쳐 놓고 공부를 했다. 자신이 편하게 생각하는 환경을 만들었던 것이다. 엄마는 이런 아이를 다그치지 않았고 결국 좋은 성적을 얻었다.

여기서 유의해야 할 점은 많은 경우 부모들이 틀에 박힌 사고방식을 가지고 있고 그것을 아이에게도 요구한다는 것이다. 공부는 책상머리에서 해야 한다느니, 정돈된 환경에서 바른 자세로 해야 한다느니 하며 아이를 윽박지르는 부모들이 대다수다. 이런 상황에서 영어 공부를 하니 아이들이 집에서까지 영어로 애교를 부리거나 말을 걸고 싶겠는가? 그냥 혼자 가만히 내버려 뒀으면 하는 마음일 것이다.

이처럼 한국은 창의력 교육이 0%다. 틀에 갇힌 사고, 그것을 강요하는 환경에서는 창의력이 길러지지 않는다. 해외에서는 9살짜리가 투자 유치에 나서 창업까지 한다는데 우리나라는 창의력을 키우려는 교육열 자체가 저조하다. 우리는 은연중에 우리 아이들에게 그저 학교 점수를 잘 받아오는 반듯한 '범생이'가 되기를 바라고 있다.

여기에 아이러니한 사실이 있다. '포브스' 잡지에 따르면 해외에서는 인문 계열 학생들이 인기가 많다. 학업을 통해 많은 아이디어를 얻을 수 있고 기술만 가르치면 잘 따라오기 때문이다. 아이폰 신화를 일군 애플의 스티브 잡스도 인문 계열, 정확히는 철학과 중퇴 출신이다. 한편 우리나라의 취업계는 정반대의 현상을 보여 주고 있다. 고용의 주체인 기업들이 인문 계열 학생들을 외면한다. 이런 세상에서 우리 아이가 살아남으려면 영어 성적도 물론 좋아야 하겠지만, 배운 것을 응용하여 창의적으로 현실 문제를 해결하는 능력을 보여 주어야 한다. 그런데 집에서는 꿀 먹은 벙어리니 부모로서는 얼마나 답답하겠는가?

답답하기는 아이들도 마찬가지다. 집에서 말문을 열지 않는 아이들의 경우 대부분이 자신감이 없어서이다. 학교에서 재미있는 내용을 배워 왔지만 집에서 말하기 부끄러워하는 경우도 있다. 아이들이 영어 공부로 인해 신음하는 이 상황을 어떻게 정상으로 되돌릴지를 생각하기에 앞서 아이가 영어와 별로 친하지 않다는 현실을 인정해야 한다.

아이들이 아프다. 영어로 학교에서 고문을 받지를 않나, 집에서 취조를 받지를 않나, 정말 고립무원이다. 우리 아이들이 영어로 집에서 대화 나누기를 거부한다는 것은 '난 영어가 싫어'라는 무언의 의사 표현이다.

우리 아이들이 집에서 영어를 한마디도 하지 않는다는 사실에 답답해하는 부모가 적지 않다. 반면 싸구려 영어라도 언제든지 나불대는 아이들이 있는데 이들은 누굴까? 바로 연예인 지망생들이다. 자신감이 넘치고 창의력이 살아 있기에 틀린 영어라도 주저

없이 입 밖으로 내뱉는다.

'1박 2일'의 한 멤버가 서울대학교 영어 수업에서 교수로부터 강의실에 있는 물건 이름을 대라는 요청을 받고는 있지도 않은 '플라워'를 말했다. 교수가 황당해하자 그 멤버는 멋쩍게 웃으면서 주변에 있는 여성들을 가리키며 '플라워'라고 했다. 비록 영어 단어 실력은 없었지만 재치로 분위기를 살린 것이다.

이처럼 창의력이 있는 아이들은 집에서도 입을 연다. 하지만 딱딱한 분위기에서 영어로 공부만 했던 아이들은 적응력이 떨어진다. 영어로 놀아 본 적이 없기 때문이다.

A씨는 아들만 보면 답답하다. 학교에선 영어로 수업까지 하는데 집에서는 통 말이 없기 때문이다. 아직 국제학교로 전학 온 지 첫 학기라서 성적표도 나오지 않은 상태다. 아들이 학교 공부를 잘 따라가는지 학교에서는 말이 있는지 궁금하고 답답할 따름이다.

아이들이 왜 집에서는 영어를 하지 않을까? 영어를 말할 수 있을 정도의 수준이 되지 않거나 집에서 영어로 대화할 동무가 없기 때문이다. 집에서 프리하게 영어를 구사하는 아이들은 대개 형제가 많다. 그리고 외향적인 경우가 많다. 이처럼 여러 조건이 충족되어야 입을 여는 아이들을 어떻게 대해야 할까?

영국 시트콤 '마이 매드 패트 다이어리(My Mad Fat Diary)'의 주인공은 애들 표현으로 '항상 기분이 잡쳐 있다.' 우리 아이들이 못하는 영어를 말해야 할 때 어떤 기분일지 그 드라마를 통해 미루어 짐작할 수 있다. 자괴감과 수치심 때문에 화가 나는 것이다. 리얼하게 애들 말로 '쪽팔려서 열라 빡친' 상태다. 영어와는 관련이 없지만 아이들의 일상적인 기분을 파악할 수 있게 해 주는 드라마다.

아이들이 영어를 할 수 있든 하지 못하든 13-14살이 되면 사춘기를 타면서 이유 없이 기분이 좋지 않은 경우가 많다. 이런 상황에 집에서까지 영어를 하라고 요구하는 것은 말이 안 된다. 그럼에도 불구하고 집에서 아이가 영어로 말하기를 원한다면 아이의 주변 환경을 생각해 보아야 한다. 여태까지 자라면서 집에서 영어로 대화를 시도하기는커녕 놀아 보지도 않았다면 아이에게 집에서 영어로 말문을 열기를 바라는 것은 무리한 요구일 뿐이다.

아이가 집에서 영어를 한마디도 하지 않는다는 것은 아이의 영어 수준을 알려 주는 신호이기도 하다. 아이가 우리에게 SOS 신호를 보내는 것이다.

"아빠, 나는 영어와 친하지 않아요."

"엄마, 나는 영어가 무섭고 싫어요."

우리 아이가 영어를 잘하기 바란다면 우선 아이의 상태를 알아보는 것이 중요하다. 침몰해 가는 배가 SOS 신호를 보내듯이 아이가 영어 교육이라는 이름하에 엄청난 스트레스를 받고 있을 가능성이 크다.

물론 아이들이 직접 입을 열 수 있도록 유도해 내는 방법이 여러 가지 있다. 그리고 나는 그런 방법들을 독자들과 공유하기 위해 이 책을 썼다. 우리 아이들에게 더 적극적인 영어 활동력을 원한다면 이 책 뒤쪽에 나오는 방법들을 적용해 보아라.

"우리 아이가 달라졌어요."라는 말을 할 수 있을 것이다.

과감해져라. 교육이 안 된다면 놀이를 찾아라.

이것만이 사랑하는 우리 아이의 기를 살리고 창의력을 살리고 영어 생활력을 길러 주는 길이다. 적어도 영어에 관해서라면 틀림없이 그렇다.

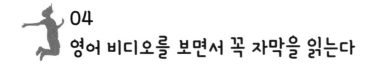

04
영어 비디오를 보면서 꼭 자막을 읽는다

'뱀비'

'텔레토비'

'겨울왕국'

여기에 공통점이 있다. 우리나라 아이들은 어린 시절부터 외국 비디오를 보며 자란다. 주로 영어 비디오인데 한 3살만 되도 비디오를 보며 즐거워한다.

그런데 영어 못하는 아이들의 공통점이 있다. 바로 영어 비디오를 보면서도 꼭 자막을 읽는다. 아이에게 아무리 영어를 틀어 줘도 한국어만 하는 이유다. 그런데 이런 아이들은 왜 영어를 듣지 않는 것일까? 바로 나이에 비밀이 숨어 있다. 글자를 8세 이전에 접한 아이들은 창의성 발달 담당인 우뇌를 발전시킬 기회를 잃기 때문에 비디오를 보면서 딱딱한 자막을 그대로 읽는 것이다.

그런데 영어가 그렇게 중요한가? 그냥 우리 아이가 마음 놓고 한국어만 하면 안 되는가? 물려줄 재산이 천문학적이 아니라면 영어를 가르치는 것이 좋다. 우리 부모 세대들까지는 한국이 무대였지만 지금은 글로벌 시대다. 세계가 무대고 영어가 무기다. UN이나 OECD를 비롯한 모든 국제회의에서 영어를 공용어로 사용할 뿐만 아니라 학술 및 문화 교류, 글로벌 비즈니스에서도 영어는 벌써부터 국제적인 의사소통의 도구로 사용되어 왔다.

다음 장면을 보라.

"앗, 기어를 안 넣었어!"

초보 운전자가 자동차 핸들을 잡는다. 그리고 주차장을 떠난다. 하지만 초보 운전자는 베테랑 운전자와 폼이 많이 다르다. 다들 앞을 보며 운전을 하는데 초보는 자꾸 한곳을 흘끔거린다. 어디를 보는 것일까? 바로 내비게이션이다.

영어 비디오를 보는 우리 아이도 마찬가지다. 영어 초보자이기 때문이다. 다들 화면을 응시하며 내용을 보는 동안 아이는 자막을 흘끔거린다. 귀로는 못 알아듣기 때문이다.

일본 애니메이션 마니아들은 자막을 보지 않는다. 계속 똑같은 단어들을 듣는 데 이력이 나서 웬만하면 다 알아듣기 때문이다. 그냥 하는 말이 아니다. 남편 친구인 A씨는 자막 없이 일본 애니를 본 지가 반평생이다. A씨는 일본 애니를 듣고 통역까지 가능하다. 그리고 수많은 학생들이 미드_{미국 드라마}를 시청하며 비슷한 수준으로 영어 실력을 끌어올리고 있다. 이렇게 아무 부담감 없이 놀면서도 얼마든지 영어를 익힐 수 있는데 굳이 자막을 보길 원한다면 아이에게 어떤 강박증이나 콤플렉스가 있을 수도 있다.

어떤 사람들은 이렇게 말한다.

영어는 버터를 잔뜩 먹었는지 굴리는 발음이 많기 때문에 딱딱 끊어지는 일본어와 달리 외우기가 힘들다는 것이다. 과연 그럴까? 아니다. 영어도 자꾸 들으면 들린다. 해외 유학을 목표로 미드로 영어 공부를 하는 아이들도 많다.

영어 비디오를 자막 없이 보려면 아래와 같은 단계를 거쳐야 한다. 왜냐하면 많은 경우, 원어민 배우들의 발음이 빠르고 매끄러워서 때로는 아는 단어들도 놓칠 수 있기 때문이다.

1. 아무것도 안 보이고 아무것도 안 들린다.

   → 심호흡을 하고 생각을 정리해라. 그리고 자막부터 읽어라.

2. 자막은 읽히는데 화면이 보이질 않는다.

   → 우선 자막에 몰두하라. 자막만 있어도 내용이 보인다.

3. 조금씩 들리긴 하는데 자막이 있어야 내용이 보인다.

   → 자막을 반만 읽고 들어라. 그리고 추측하라.

4. 자막이 거추장스럽다.

   → 즐겨라.

아마 영어를 좀 공부해 본 사람이라면 3번 단계가 제일 마음에 와 닿을 것이다. 이 과정도 너무 힘들어하지 마라. 한 단어도 놓치지 않고 다 알아들어야 한다는 부담감을 떨쳐 버려라. 그저 즐기며 넘어가라.

지금의 목표는 영어로 노는 것이다. 이렇게 자막 읽는 습관은 조금씩 줄여 가면 되는 것이다. 영어가 별것인가? 그저 하나의 언어일 뿐이다. 그리고 앞서 말했듯이 언어는 익숙해지면 되는 것이다. 재미있게 영어로 놀다 보면 가랑비에 옷 젖듯 영어가 스며들 것이다.

보통의 우리 아이들은 대개 좌뇌가 먼저 발달하는 바람에 눈으로 자막을 읽으며 영어 비디오를 시청하고 있다. 영어를 소리로 알아들어야 말로 나오는데 눈으로 읽다 보니 머릿속에서만 맴돈다. 이 문제를 극복하려면 창의력을 동원해야 한다. 그려라. 기대하라. 상상하라. 3번 단계에서 4번 단계로 도저히 못 넘어가겠으면 드라마 속 상황을 상상하라. 내용이 무엇인지 '인지'하려 하지 말고 '기대'해 보라. 좌뇌보다 우뇌를 써야 창의력이 생기고 언어가 친근해진다.

최종 학력이 초등학교 중퇴인 한 남자를 기억해 보자. 그는 불우한 어린 시절을 보냈다. 어려서 아버지가 돌아가시고 어머니는 재혼을 해 가정을 떠난 것이다. 그래도 잘 성장하여 결혼도 하고 사업도 시작했다. 그런데 사업이 망하면서 엎친 데 덮친 격으로 부인마저 도망을 가 버렸다. 이 남자는 너무나도 삶을 비관하여 자살하려고 술과 수면제에 손을 댔는데 어떤 사람이 도와줘서 살아났다.

이 남자가 누구인가? 바로 KFC의 창업자 할랜드 샌더스의 인생이다.

영어랑 이 사람의 인생 스토리가 무슨 상관이란 말인가?

여기서 내가 말하고자 하는 것은 전화위복이다. 맞다. 인생에는 전화위복이라는 것이 실제로 존재한다. 그러니 우리 아이가 여태까지 한 번도 제대로 영어를 해 보지 못해 영어 우울증에 빠져 있다 해도 낙심하지 마라. 길을 몰라 움츠렸을 뿐이다.

영어를 잘 다룰 줄 몰라 막막했던 순간이 지나면 아이가 더 빠르게 영어로 노는 데 적응해 갈 것이다. 움츠렸던 만큼 더 멀리 뛴다. 나쁜 일이 지나면 좋은 일이 생긴다. 희망을 가지라고 하는 이야기다.

아마 속상할 것이다. 우리 아이는 왜 자막만 볼까?

아마 답답할 것이다. 내가 왜 우리 아이를 괜히 공부만 시켜서….

그래도 희망을 잃지 마라. 원래 아이를 키우는 데 있어서 시행착오라는 것이 존재한다. 이제부터라도 아이의 말문이 트이게 해 주면 되지 않는가?

★ 영어 비디오 시청 중 아이가 보내는 SOS 신호들 ★

1. 시선이 화면 아래를 향해 있다.

2. 가끔씩 한국어로 뭐라 따라 읽는다.

3. 감탄사가 다 한국어다.

4. 영어로 말을 걸면 스트레스를 받는다.

5. 내용을 빨리 인식하지 못한다.

6. 화면이 빨리 바뀌면 짜증부터 낸다.

7. 자막이 틀리면 내용 이해를 포기한다.

8. 손가락으로 자막을 가리키며 읽는다.

9. 감탄사가 한발씩 늦는다.

10. 재미있는 장면이 나와도 웃지 못하고 읽기에 바쁘다.

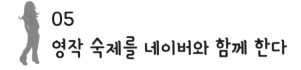

05
영작 숙제를 네이버와 함께 한다

나는 태국 몽풋Montfort, 곧 전통 있는 영국식 사립학교에서 영어 과목을 가르친 적이 있다. 나는 TESOL 자격증을 소유한 베테랑 영어 선생님으로 이곳에서 1년을 근무했다. 몽풋은 유명한 카톨릭 학교로 태국의 전 수상인 탁신이 이곳을 졸업했다. 치앙마이, 곧 태국 북부 지방에서 자랑스러워하는 학교 중의 하나다.

이곳에 한 가지 규칙이 있는데 70점이 돼야 다음 학년으로 올라갈 수 있다. 하지만 태국에는 낙제라는 제도가 없기 때문에 모든 학생이 다음 학년으로 올라가야 마땅하다. 그러면 학생들을 진급시키는 책임은 선생님에게 떨어진다. 점수가 모자라는 아이들을 쫓아다니며 과제를 받아 내고 재시험을 치르게 해야 하기 때문이다.

이때 영작 숙제가 점수를 올리는 데 큰 기여를 한다. 영작 과제가 꽤 되기 때문에 아이들은 학기 말까지 부지런히 영작 숙제를 마치느라 바쁘다. 이 수많은 학생들 가운데 자폐아도 포함되어 있다. 한국과는 달리 왕따가 없는 이곳은 몸이나 정신이 조금 불편한 아이들도 함께 학교를 다닌다. 자폐아도 같이 어울려 숙제를 한다. 자폐라는 증상을 가진 아이는 세상과 소통하는 방법이 일반 학생들과 다르다.

내가 가르쳤던 아이는 주로 그림으로만 세상과 소통하고 있었다. 그런데 그림 실력이 제법이었다. 이런 아이들에게 영작을 다른 아이들처럼 100단어, 200단어씩 해 오라는 것은 무리다. 그래서 나는 아이에게 영작 문제의 이해력을 확인하기 위해 그림 숙제를 내줬다.

"What would you like to be in the future?"

(자라서 뭐가 되고 싶니?)

이 말에 아이는 한 작품을 만들어 왔다. 아이는 비록 장애가 조금 있었지만 이를 창의력으로 극복했다. 그러면서 영작을 하는 법도 조금씩 배워 나갔다.

반면 네이버NAVER와 함께 숙제를 하는 아이들은 창의력이 달린다. 어렸을 때부터 남의 도움을 받는 데 익숙하기 때문에 시험을 잘 치지 못한다. 시험은 혼자서 해야 하기 때문이다.

네이버는 대한민국의 지식 검색 엔진이다. 많은 정보를 제공하기 때문에 아이들이 숙제를 할 때 곧잘 이용하곤 한다. 특히 영작에 있어서는 네이버는 그야말로 천국이다. 내공좋은 답변을 해 주면 주어지는 포인트을 받기 위해 많은 영어 마니아들이 자신의 실력을 발휘하여 초보들을 돕는다. 여기서 <u>돕는 경험은 참 좋은 것이다.</u> 스스로 익힌 영어를 써볼 수 있기 때문이다. 하지만 대부분의 학생들은 남을 돕기보다는 도움을 받으려고 네이버를 찾는 경우가 많다.

한두 번 도움을 받는 것이 뭐 그리 대단하냐고 묻겠지만 실상은 그렇지 않다. 아이들이 자기가 해야 할 영어 숙제를 네이버에 의지하여 그냥 베끼기만 하다 보니 설령 과제 점수를 잘 받는다 하더라도 영어 실력은 전혀 늘지 않는다. 그리고 이런 달콤한 유혹은 쉽게 벗어날 수 없어 갈수록 의존이 심해진다. 이래서야 어떻게 공부가 되겠는가?

나는 영어 숙제를 하는 데 구글Google을 추천한다. 단어의 뜻과 문장 맞춤법에 대한 상식은 제공하지만 번역을 해 주지는 않기 때문이다. 구글 번역기는 말이 안 된다는 것을 이미 깨달았기를 바란다. 그냥 한국어 단어와 영어 단어를 1:1로 직역하기 때문이다.

교과서에 외계인이 나온다. 그런데 이 내용이 실린 책은 다름 아닌 수학 교과서다. '중앙일보'에 따르면 이제는 문·이과 과목 모두를 잘해야 하는 시대다. 대표적 이과 과목인 수학책도 수식 연산만이 아니라 스토리텔링에 비중을 뒀기 때문에 문제 자체의 내용을 이해해야만 문제를 풀 수 있다.

하물며 영어는 어떻겠는가? 영어로도 스토리텔링을 할 수 있어야 한다. 사실 <u>영어로 하는 스토리텔링이 바로 영작</u>이다. 영작을 스스로 하지 못하는 아이들은 기본적인 영어 실력이 부족하기도 하지만 스토리를 지어 내는 창의성이 메말라 있다. 독서를 하든지 수학책의 스토리텔링을 참고하든지 해서 영작을 할 수 있는 생각의 밭을 갈아 놓길 바란다.

분명 60년 동안 한국 교육은 발전했다. 하지만 아직도 우리나라 청소년의 자살률은 다른 OECD 국가들에 비해 높다. 비록 미국 대통령 버락 오바마가 우리나라 교육열을 칭찬했지만, 유태인이나 핀란드인의 행복 지수에 비하면 우리나라 아이들의 행복 지수는 바닥이다. 공부는 하지만 행복하지는 않은 것이 우리나라의 현실이다. 그러니 영작 숙제를 할 때도 아이들은 핀란드 아이들처럼 창의력을 키우는 것이 아니라 그저 의미 없는 숙제를 또 한다고 생각할 수밖에 없다. 아이들이 자유롭게 상상의 나래를 펼치며 재미있는 영작 숙제를 해 올 것이라는 기대는 애초부터 없었던 것이다.

네이버와 함께하면 영작이 즐겁다? 그렇지 않다. 아이들은 그저 누군가가 숙제를 대신 해 주기를 바랄 뿐이다. 그렇다면 이미 네이버가 해 주는 숙제에 익숙해져 있는 아이들을 어떻게 구해 내야 하나? 방법은 의외로 단순하다.

1. 아이가 영어 숙제를 하는 공간에 인터넷을 차단시켜라.
아이가 원하든 원치 않든 인터넷을 차단시켜야 아이가 효과적으로 네이버로부터 독립할 수 있다.

2. 영어 점수로 아이를 타박하지 말아라.

그래야 아이가 영어에 스트레스를 받지 않고 영작에 재미를 붙일 수 있다. 핀란드에서는 시험도 치지 않고 점수도 매기지 않는데 전 국민이 거의 다 영어를 할 수 있다는 사실을 기억해라.

3. 사전을 구입하라.

아이들이 알아듣기 쉽게 중학생이면 중학교 수준의 사전을 초등학생이면 초등학교 수준의 사전을 사 줘라. 영한사전이 있어야 아이가 기초부터 번역하는 법을 배우게 된다.

4. 문법에 자신 없어 하는 아이에게는 알맞은 수준의 문법책을 사 줘라. 혼자 머리를 쓰면서 고민해 봐야 네이버 중독을 끊는다. 문법도 혼자 고민하다 보면 성취감을 느끼게 된다. 오히려 퍼즐 맞추기 같은 게임이라고 생각하며 영작을 하다 보면 은근히 재미도 있다. 자신이 직접 고민하며 해결하는 생활력 있는 영어를 갖추게 되기 때문이다.

5. 유치원 수준의 쉬운 영어 동화책도 몇 권 준비하라.

단어 실력도 늘고 문장을 매끄럽게 표현하는 방법도 습득할 것이다. 이것은 내가 직접 경험한 노하우다.

6. 아이가 네이버를 끊는 데 중요한 역할을 하는 재미있는 놀이도 있다. 앞서 말한 동화책을 펼쳐 놓고 명사, 동사를 찾아 표시하라. 그리고 문장을 공책에 옮겨 적어라. 이렇게 말이다.

1) 원문 : The cat mewed from the rooftop.

2) 명사/동사 표시 : The <u>cat</u> <u>mewed</u> from the <u>rooftop</u>.
                          명사   동사   명사

3) 명사를 다 빼 버려라.

   The _____ mewed from the _____.

4) 가족들에게 한국어로 명사를 하나씩 말해 달라고 한다.

   The 세탁기 mewed from the 동굴.

5) 사전을 찾아 번역하라.

   The washing machine mewed from the cave.

6) 동사도 이와 같이 바꾸면서 놀아라.

이렇게 자주 놀다 보면 단어도 외우게 되고 문장 형식도 절로 익히게 된다. 영작이 수월해지는 길, 바로 놀이를 통해 발견할 수 있다!

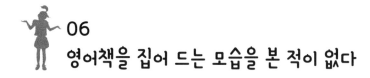

06
영어책을 집어 드는 모습을 본 적이 없다

벌써 초여름이 지나고 있다. 더위가 한반도를 강타하는 이때 공부하는 아이들은 얼마나 힘이 들까? 놀기에는 알맞은 날씨지만 공부하기에는 더위 먹기 딱 좋은 철이다.

그런데 공부하는 아이들뿐만 아니라 그 아이들의 가족들에게도 말 못할 고민이 있다. 학교 성적도 그럭저럭 괜찮고 이 더위 속에서 학원도 열심히 다니는데 집에서 책 한 권 집어 드는 경우를 못 본다. 아니, 책을 보긴 하는데 주로 만화책이다. 영어책에는 얼씬도 하지 않는다. 집에는 영어책이 풍년이다. 비싼 돈 들여서 해리포터 전권, 영어로 보는 만화책 등 많은 투자를 해 놓았는데 막상 아이가 스스로 영어책을 집어 드는 모습을 본 적이 없다는 것이다.

이는 아마도 영어책이 재미가 없기 때문이 아닐까? 책이 재미있으려면 우선 읽어서 이해가 되고 실생활에 도움이 되어야 하는데 대부분의 영어 서적은 아이들의 수준 이상이다. 읽고 이해하는 게

불편하니까 자연스럽게 한국어 서적을 찾게 되는 것이다. 그렇다면 어떻게 하면 영어책과 친해질 수 있는지 알아보자.

1. 큰 소리로 책을 읽는다.

책을 조용히 읽다 보면 내가 읽었던 것도 기억이 나지 않을 때가 많다. 소리를 내어 책을 읽다 보면 자연스레 입이 열리게 된다.

미국 메릴랜드 대학교의 한 교수는 영어를 잘하려면 우선 연습이 가장 중요하다고 한다. 연습을 하려면 입을 열어야 하고 입을 열어 여러 번 책을 읽다 보면 영어가 익숙해진다. 영어를 조용히 눈으로만 읽으면 서술적 기억만을 쓰게 되는데 이는 정보의 입력일 뿐이다. 하지만 비서술적 기억인 입모양, 발음, 발성 등은 입을 열어 연습을 해야 효과가 나타난다. 특히 어순은 소리를 내어 많은 문장들을 연습해야 익혀진다.

2. 아이가 관심 있는 주제별로 책을 나열하라.

우리 아이가 책에 딱히 관심이 없다 해도 주변에 책이 있으면 읽게 되는 경우가 많다. 심심할 때 책 한 권 들고 화장실로 갈 수도 있지 않은가? 아이가 요즘 과학에 관심을 갖는다면 아람미디어의 '리틀 사이매스'를 추천한다. 로봇이 읽어 주는 영어로 된 수학, 과학 동화다. 특수 제작된 펜으로 모르는 단어를 하이라이트하면 뜻을 알려 주기까지 한다. 정말 아이가 재미있게 공부할 수 있는 영어 전집이다. 또 일반 영어 전집을 유아용부터 고르고 싶다면 '터치톡 잉글리쉬'를 추천한다. 단어의 뜻을 알려 주는 토끼펜은 아이의 첫 영어 여행 동반자이자 장난감이다.

조금 큰 아이들이라면 앞서 말했듯이 해리포터 전집을 영어로 구입하기를 적극 추천한다. 해리포터는 말 그대로 대작이다. 재미있는 내용뿐만 아니라 어렵지 않은 말장난과 단어 사용이 아이들의 흥미와 의욕을 자극해 더욱 실력을 키울 수 있다.

3. 책을 읽은 후 독후감 대신 Q&A 세션을 가져라.

많은 경우 성급한 부모님들이 아이들이 책을 읽고 나면 독후감을 쓰기를 바란다. 하지만 이렇게 되면 아이들에게 책 읽기가 부담스럽게 다가온다. 독후감 대신 가볍게 책에 대해 이야기해 보는 것은 어떤가?

여기 Q&A 세션을 위한 질문 몇 가지를 적어 본다.

What is the title? (책 제목이 뭐야?)

How was it? (책이 어땠어?)

Who was your favorite character? (가장 마음에 드는 등장인물이 누구였니?)

Did you like the story? (이야기가 마음에 들었어?)

★ What did you learn from the story? (이야기에서 배운 점은 뭐니?)

마지막 질문에 ★표가 된 이유는 답이 추상적이기 때문이다. 조금 어려운 질문이니 답 유형도 나열하고자 한다.

I learned that ….

I've come to know that ….

The story taught me that ….

더불어 아이들에게 유익한 영어 이야기책들을 연령대별로 몇 가지 추천한다.

제 목	연령대
Clifford 시리즈	유아
Curious George 시리즈	유치원
Star Wars 시리즈 Diary of a Wimpy Kid 시리즈	초등학교 남아
Judy Blume 시리즈 Sweet Valley Twins 시리즈	초등학교 여아
해리포터 전집, 나니아 연대기 전집 뉴베리 상(Newbery Awards) 수상작들	중·고등학교

이렇게 재미있는 영어 동화책들을 통해 자연스레 영어에 흥미를 붙일 수 있을 뿐만 아니라 기본적인 학식을 쌓을 수도 있다. 읽기 좋은 책들이 이렇게 많은데 뭐하러 어렸을 때부터 딱딱한 교과서를 들이미는가? 교과서도 물론 잘 활용하면 유익한 놀이 도구가

될 수 있지만 웬만하면 인문학 서적을 읽히는 것이 아이의 영어 개발에 좋다.

아이들이 영어책을 쉽게 접하고 재미있게 읽을 수 있도록 집에 Book Corner독서 코너를 따로 만들어 주는 것도 좋은 생각이다. 바닥에 조그마한 방석을 깔아 주고 작더라도 자신만의 공간을 꾸며 준다면, 아이들이 더 이상 책 읽기를 엄마의 잔소리 때문에 어쩔 수 없이 하는 고역이 아니라 자기 삶의 질을 높일 수 있는 도구로 생각할 것이다.

07
영어 몇 마디 시키면 신경질을 낸다

"오늘 뭐 배웠어?"

"아, 말 시키지 마."

영락없는 부모와 자녀간의 불협화음이다.

외국어 과목에 대해 물으면 더하다.

"영어 뭐 배웠어?"

"아, 짜증 나."

평소 예의 바르던 아이들도 영어 몇 마디 시켜 보려고 하면 굉장히 싫어한다. 왜 그럴까? 우리 아이가 처음 영어 단어를 배웠을 때만 해도 즐겁게 옹알거리던 것이 엊그제 같은데 말이다. 바로 언어를 습득하는 방법이 바뀌어서 그렇다. 어렸을 때는 노래와 게임 그리고 동화책으로 재미있게 배우던 영어가 어느 날부턴가 시험에서 시험으로 숙제에서 숙제로 이어지고 있기 때문이다.

실제로 아이들을 대하다 보면 나와 공부하는 것을 재미있어하는 아이들도 학교 공부는 재미없다고 한다. 내가 가르치는 영어는 공부가 아니라 놀이이기 때문일 것이다. 실제 아이들이 배우는 영어 교과서와 집 분위기를 보면 아이들이 신경질을 낼 만도 하다. 재미 요소가 하나도 없기 때문이다.

나는 어떻게 가르치기에 영어 놀이를 가르친다고 하는가?

우선 나이에 맞춰 대중문화 코드로 아이들에게 접근한다. 예를 들어 요즘 유행하는 팝송을 같이 해석해 보고 함께 부르거나, 어린아이일 경우는 PBS Kids 같은 재미있는 영어 사이트를 알려 준다. 게임으로 시작을 할 때도 있다. Boggle이라는 게임은 우리나라 대형 서점에서도 판매하는데 단어 실력을 향상시킬 수 있는 게임이다. 게임이라 하면 다들 컴퓨터 게임만 생각하는데, Scrabble 같은 미국 보드게임을 통해 아이들을 가르칠 수도 있다. 어린아이일수록 놀이에 대한 선입견이 적고 더 빨리 언어를 흡수한다.

나는 영어 필기체도 놀이를 통해 배웠다. 모래 상자 안에다가 모래를 한가득 담고 선생님이 쓰는 것을 따라 쓰고 창의적인 영작을 몇 번 하다 보니 자연스레 영어가 익숙해졌다. 색깔을 익힐 때는 일반 교과서와 더불어 찰흙을 사용했다. 집에서 따라 하기 좋게 대화 형식으로 수업 분위기를 풀어 보겠다.

● ● ● ● ● ● ● ● ● ●

"Hello, everyone!" (모두들 안녕!)
"Hello, Mrs. Kim!" (안녕하세요, 김 선생님!)

"We will study colors today." (오늘 우리는 색깔들을 배울 거예요.)

"Yay!" (오우 예!)

"First, what colors do you know in English?" (먼저, 영어로 무슨 색깔들을 아나요?)

"Black, yellow, red, orange!" (블랙, 옐로우, 레드, 오렌지!)

"Good job! Now, I will give you some clay."
(참 잘했어요! 이제 찰흙을 나눠 줄게요.)

"What color is this?" (이건 무슨 색깔인가요?)

"Red!" (레드!)

"Here you go." (여기 있어요.)

"What color is this?" (이건 무슨 색깔인가요?)

"Orange!" (오렌지!)

"Here you go." (여기 있어요.)

"Now, we will make an animal. What animal would you like to make?" (이제 동물을 만들 거예요. 무슨 동물을 만들고 싶나요?)

"Lion! Zebra! Cat! Dog!" (사자! 얼룩말! 고양이! 개!)
cf. 아직 동물 이름은 영어로 안 해도 된다. 오늘의 초점은 영어 색깔에 있다.

"We will make a cat." (우리 고양이를 만들어요.)

"Use red." (레드 색깔을 사용해요.)

"No, don't use orange. Use red." (아니, 오렌지 색깔 말고 레드 색깔이요.)

이렇게 단순한 어휘들로 아이들을 리드하면서 수업을 진행하면 된다. 영어가 전혀 되지 않는 부모는 우리말을 주로 하면서 영어를 간간이 섞어 줘도 된다. 요점은 색깔을 나타내는 영어 단어를 배우는 데 있다. 가끔씩 한국말을 동원해서 설명하는 데 죄책감을 느끼지 말아라. 아이도 어차피 한국 사람이니까 우리말과 영어 2개 국어를 동시에 배운다고 생각하라. 그날 배운 단어가 잘 습득이 되면 그 다음 단원에서는 이미 배운 단어를 절대 한국어로 하지 말아라. 그러면서 점점 어휘력이 풍부해지는 것이다.

아이들의 입을 열려면 먼저 내 입이 열려야 한다. 부끄러운 콩글리쉬라도 자꾸 연습하다 보면 함께 실력이 향상되는 것을 느낄 수 있다. 아이가 수능 공부를 하면 수능 박사가, 아이가 유학을 준비하면 유학 박사가 되는 것이 부모의 도리 아니겠는가? 아이가 영어로 놀겠다는데 놀아 주는 것 하나 제대로 못하는가? 자신감을 가져라. 또한 물감으로도 재미있는 미술 수업 겸 영어 수업을 집에서 간단하게 진행할 수 있다. 앞서 말한 찰흙이라는 단어를 빼고 그 자리에 페인트Paint라는 단어를 넣으면 놀이를 바꿀 수 있다.

아이가 3살부터 이렇게 들리든 들리지 않든 영어 놀이를 하며 자란다고 생각해 보라. 언젠가 글자를 깨우칠 나이가 되면 함께 놀며 익혔던 단어들이 자연스레 익숙하게 들릴 것이다. 13살이 되어 뒤늦게 영작 숙제를 하고 단어 시험을 본다고 스트레스 받게 하지 말고 일찍부터 아이들과 영어로 놀아 줘라.

이제 우리 아이가 말문을 열 시간이다.

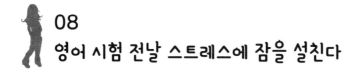

08
영어 시험 전날 스트레스에 잠을 설친다

악몽을 꾼다. 온몸이 식은땀에 범벅이 된다. 깨어나 보니 꿈이다. 시험 전날만 되면 나타나는 시험 증후군이 영어 시험 전날에는 유독 심하다.

많은 아이들이 한때는 "개구쟁이라도 좋다. 건강하게만 자라 다오."라는 말을 들으며 자랐지만 어느 순간부터 이들의 '행복은 성적순'이 됐다. 이 얼마나 가슴 아픈 일인가? 한창 뛰놀고 즐겁게 세상을 배워 나가야 할 나이에 아이들은 학교 성적에 목을 매고 있다. 10대 중반까지는 아직 한창 잠을 자고 쑥쑥 커야 할 시기인데 우리 아이들은 시험 스트레스에 쩔쩔매고 있다.

왜 유독 숙제라는 과제보다 시험 때문에 아이들이 더 스트레스를 받을까? 이는 성적에 대한 부모의 과도한 집착 때문이 아닐까라는 생각이 든다. 물론 우리 아이가 시험에서 100점을 맞아 오면 좋겠지만 그러지 못하더라도 아이가 배울 것은 이 세상에 너무

나도 많다. 아이가 시험에 강하지 못하다 해도 영어 하나만이라도 잘 습득할 수 있다면 그만 아닌가? 점수에 연연하기보다 언어를 잘 배울 수 있는 환경을 만들어 주면 된다.

유독 언어 과목에는 외우는 숙제가 많다. 시험도 죄다 외워야 하는 단어 시험이 수두룩하다. 문법도 기초부터 달달 외워야 한다. 그렇다면 부모가 어떻게 해야 아이가 학교라는 체계 속에서 받는 스트레스를 낮춰 줄 수 있을까?

바로 놀이를 통해서다. 아이들이 외우는 것을 싫어한다고 하지만 아이들도 놀 때는 잘만 외운다. 나도 남자들이 즐겨하는 인터넷 게임을 어깨 너머로 여러 번 봐 왔지만 정말 외워야 할 룰도 많고 키보드도 많다. 영어를 일종의 게임이라고 생각하면 아이들도 재미있게 시험을 대비하는 정도가 아니라 수준 있는 언어를 배울 수 있다.

영어로 끝말잇기를 하는 것은 어떤가?

한국어만 끝말잇기를 할 수 있는 언어가 아니다. 예를 들어 단순하게 내일 영어 단어 쪽지시험이 있다고 가정하자. 아마 열 몇 개에서 스무 개 정도의 단어를 외워야 한다. 철자가 중요하기 때문에 단어를 먼저 말하고 철자까지 완벽하게 말해야 이긴다고 하면 아이들도 흥미를 가질 것이다.

게임 진행은 이렇게 하는 것이 좋다.

"Rabbit. R-a-b-b-i-t."

"좋았어. 그럼 난 Thursday. T-u-r-s-d-a-y."

"땡!"

"아, 왜?"

"H를 빼먹었잖아!"

"아, 맞다."

이렇게 가족끼리 오순도순 외우다 보면 부모의 어휘력도 아이들과 함께 성장할 것이다. 아이가 학교에서 뭐하는지 묻지 않아도 자연스레 집에 숙제를 가져와 부모와 이야기를 나누고 싶어 할 것이다. 부모의 태도에 따라 아이들은 부모를 지겨운 잔소리쟁이로 볼 수도 있고 즐거운 놀이 상대로 여길 수도 있다. 영어 놀이를 통해 가족 간의 화목을 키우거나 되찾을 수도 있는 것이다.

게임은 이것 말고도 또 있다.

Scrabble이라는 보드게임은 굳이 게임 룰을 따라 하지 않고도 그 내용물을 사용하여 색다른 놀이 겸 공부를 할 수 있다. Scrabble에는 알파벳을 쓴 조그마한 플라스틱 조각들이 있다. 이것을 이으면 단어를 만들 수 있는 것이다.

이제 Scrabble 게임 진행 방법을 알아보자.

★ Scrabble 게임 진행 방법 ★

1) 숙제에 나오는 단어들을 종이에 따로 써 놓아라.
2) 알파벳 조각들을 게이머들 사이에 놓고 시간을 측정하라.

---

3) 모래시계의 모래가 다 없어지기 전에 가운데 쌓여 있는 조각들로 제일 긴 단어들부터 만들어라.

4) 단어 하나를 만들면 체크하고 다시 하나 더 만들어라.

5) 알파벳 조각이 모자라면 게임 끝이다. 모래시계의 모래가 다 내려와도 게임 끝이다.

6) 단어들이 맞았는지 틀렸는지 확인하라. 단어 속 철자가 하나라도 틀리면 아웃이다.

7) 글자 수를 세어 제일 많은 알파벳 조각들로 정확한 단어들을 만든 게이머가 이긴다.

위의 방법대로 진행하면 빨리 많은 단어를 완성하도록 유도하면서 단어의 철자를 정확히 외울 수 있게도 해 준다. 아이들의 경쟁심과 승부욕을 잘 활용하여 게임을 하면서 즐겁게 단어를 외울 수 있는 좋은 놀이이다. 당장 Scrabble 게임을 하나 구입하라. 이 게임을 하다 보면 절로 단어도 외우고 숙제도 하고 시험도 잘 볼 수 있다. 무엇보다 영어가 부담이 아니라 즐거움으로 다가온다.

문법도 게임으로 익힐 수 있다. 놀이로 모든 것이 해결되는데 왜 굳이 사서 스트레스를 받는가?

영어 단어의 품사를 익히는 게임의 이름은 Elephant다.

이 게임은 어떻게 진행하는지 보자.

★ Elephant 게임 진행 방법 ★

1) 오늘 익히고자 하는 품사를 정한다. (ex. 형용사)

2) 종이나 보드에 Elephant라고 크게 또박또박 적는다.

3) Elephant에 있는 철자를 이용해 해당 품사의 단어를 제일 많이
   만든 사람이 이긴다.

예를 들어 한 사람이 elegant, efficient, lovely, ancient, neat라고 하면 상대방은 purple, hot, ancient, easy, talkative라고 한다. 이렇게 단어 수가 동일하면 무승부다.

이 게임을 하면 동사, 명사, 형용사를 구분하여 외울 수 있다. 게임을 즐기는 동안 어느새 영어 단어의 품사 개념이 자연스레 익혀지는 것이다. 또 단어의 품사를 알면 차차 품사별 쓰임새도 절로 알게 된다.

문법 체계를 공부할 때는 다음과 같이 하면 된다.

예를 들어 분사^{현재분사 : Present participle, 과거분사: Past participle}를 공부한 다고 치자.

공부할 문장은 "The families rejected the flowers sent by the company."다. 여기에 재미있는 영어 문법 룰이 있다. 정말 전혀 모르겠는 경우 아는 것부터 추려 내는 것이 옳다. Families는 주어다. Rejected는 동사다. Flowers와 company는 명사다. 그런데 sent라는 동사가 하

나 더 끼어 있는 것으로 보인다. 이렇게 나름 정리를 해 놓으면 각 지칭된 단어의 역할이 무엇인지 조금만 생각해 보면 알 수 있다.

Families는 명사이면서 동시에 주어 역할을 하고 있다. Rejected는 동사가 틀림없다. 이 문장에서는 형용사가 없는 것이 유독 눈에 띈다. Families를 꾸며 주는 형용사는 없다. 그런데 flowers라는 명사를 보면 내용상 꾸며 주는 형용사가 있는 것 같긴 한데 단어가 색다르다. 우리가 알고 있는 happy나 beautiful 같은 보통의 형용사 단어가 아니라, 단어 덩어리인 sent by the company가 flowers를 꾸며 주고 있는 것이다. 여기서 분사가 무엇인지 살펴보자. 분사는 형용사 역할을 하는, 즉 명사를 수식하는 동사다. 위 문장에서 바로 sent가 분사인 것이다.

이렇게 복잡한 문법 구조를 게임으로 익히고 싶다면 탐정놀이를 추천한다. Detective Q라는 내가 만든 이 놀이는 의외로 간단하다. 내가 탐정이 되어 추리극을 펼치는 것이다. 먼저 문장을 단어별로 잘라 낸다. 9개의 단어가 나올 것이다. The는 정관사Definite article이고 rejected와 sent는 동사이거나 분사이다. 이렇게 하나씩 맞춰 나가다가 마지막에 남은 단어들의 역할을 추리해 전체 문장의 문법 구조를 짜 맞추는 것이다. 퍼즐 맞추기를 할 때 쉬운 조각들부터 맞춰 나가다 보면 주변의 그림과 맥락에 따라 차차 헷갈리는 조각들도 알맞은 위치를 알 수 있게 되는 것과 같은 이치다. 아는 것을 단서로 모르는 것을 추리해 내는 것이다. 혼자 해도 되고 여럿이 해도 되는데, 이 놀이의 장점은 여러 번 하다 보면 이전에 익혔던 문법과 겹쳐서 추리해 나가는 속도가 빨라진다는 것이다. 다음번 게임에서는 분사를 바로 알 수 있기 때문에 추리를 거듭할 때마다 실력이 더해진다.

이렇게 단어와 문법을 익힐 수 있는 즐거운 방법들이 많다. 굳이 책상머리에 똑바로 앉아서 교과서나 들여다보라는 핀잔은 주지 않는 것이 아이에게 더 유익하겠다. 영어와 놀 수 있는데 왜 굳이 영어와 원수지면서 책상머리 싸움을 하는가?

이 모든 게임을 하는 데 앞서 내가 말해 주고 싶은 몇 가지 전제가 있다.

1. 이해하라.
게임 룰을 이해하지 못하고 섣불리 덤벼들면 낭패를 보기 쉽다.

2. 시간을 줘라.
아이들이 게임을 생소하게 여길 수도 있으니 다그치지 말고 적응할 시간을 줘라.

3. 즐겨라.
부모부터 귀찮게 여기는 게임을 아이들이 좋아할 리가 있겠는가?

4. 반복하라.
계속해야 게임이 게임으로 끝나지 않고 유익한 도구가 된다.

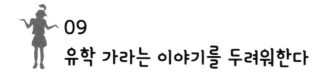

09
유학 가라는 이야기를 두려워한다

해외여행은 즐거운 경험이다.

하지만 유학은 또 다른 이야기다.

유학 가라는 말에 처음엔 들뜨던 아이들이 막상 날짜가 다가올수록 스트레스를 받는다는 이야기는 흔한 예다. 놀러 가는 것이 아니라 공부하러 간다는 생각이 아이들을 억누른다. 유학 한번 가보라는 말에 두려움에 떤다면 여태까지의 영어 교육에 필시 문제가 있었던 것이다. 언어가 잘 통하면 두려워하겠는가? 그냥 새로운 환경에서 공부도 하며 재미있게 놀다 오고 싶을 것이다.

영어라는 벽 때문에 해외 유학을 무서워한다면 다시 가르쳐라. 이번에는 활용력 제로인 억지 공부가 아니라 생활력 있는 놀이로 말이다.

가고 싶은 곳 영어 포스터 만들기

해외에서 흔히 쓰는 여행 가이드북을 하나 사라. 그리고 아이들에게 재미있는 숙제를 내 주어라. 유학 가 있는 동안 볼 수 있는 유적지나 유흥지 하나를 고르게 하라. 그리고 그곳을 알리는 포스터를 제작하게 하는 것이다. 포스터에 사진도 오려 붙이고 설명도 한국말로 곁들이게 하라. 유학지가 더 친근해질 것이다.

생활 필수 영어 표현 노트 만들기

그런데 보통은 낯선 환경에 대한 두려움보다는 자신의 언어 능력을 믿지 못해 받는 스트레스가 엄청나다. 이럴 경우를 대비해 예쁜 노트를 하나 준비하라. 그리고 그 안에 한국어로 평상시 쓰는 질문이나 문장을 필기해 놓아라. 예를 들어 다음과 같이 말이다.

"배가 고파요."

"화장실이 어디 있나요?"

"주소가 어디죠?"

그런 다음 가이드북을 살피면서 문장을 하나씩 영어로 완성해 보아라. 아마 틀릴 때도 있겠지만 생활 필수 문장들을 직접 작성하면서 영어가 많이 늘 것이다.

영어와 친숙해지는 SNS 활용

SNS는 자연스럽게 영어와 친숙하게 만들어 주는 놀이 도구이다. 우선 영어로 된 페이스북Facebook 계정을 하나 개설하라. 요즘 해외에 나가면 너도나도 페북 계정을 물어본다. 일종의 친해지는

법이라고나 할까? 단, 사전을 찾으면서 해도 되니 영어로 개설해라. 그러면 모든 프로필 작성 질문이 영어로 뜰 것이다. 좋아하는 사진도 올리고 좋아하는 영화가 무엇인지 답하다 보면 어느 순간 영어로 스스럼없이 타이핑을 하고 있는 자신을 보게 될 것이다. 페북을 이용해 노는 것만큼 시간을 잡아먹는 것도 없으니 시간 관리에 유의하길 바란다.

영어 말문을 틔워 주는 테마 놀이

영어로 말문이 트이게 해 주는 중요한 놀이가 있다. 바로 테마 놀이라는 것이다. 우선 카드를 10장 준비하라. 그리고 각각의 카드에 다음 문구를 하나씩 적어 놓아라.

1. 교실 classroom	2. 집 home
3. 기숙사 dormitory	4. 식당 restaurant/cafeteria
5. 운동장 playground	6. 길거리 street
7. 백화점 department store	8. 무도회장 dance hall
9. 도서관 library	10. 친구 집 a friend's home

그리고 카드를 섞어라. 무작위로 한 장을 집으면 큰 소리로 그 장소에 대한 설명을 시작하라. 이곳에서 무슨 일을 할 것인지 말이다. 단 모든 말을 영어로 해야 한다.

여기 이야기를 시작하기에 앞서 필요한 표현들을 나열한다.

I will eat _____. (난 _____을 먹을 것이다.)

I will dance with _____. (난 _____와 함께 춤을 출 것이다.)

I will visit _____. (난 _____를 방문할 것이다.)

영어로 자유롭게 말하는 데 자신이 없으면 위와 같은 표를 작성하고 큰 소리로 읽어라. 메릴랜드대의 한 연구 결과에 따르면 큰 소리로 읽을수록 뇌에서 연습이 되고 언어 발달에 큰 영향을 미친다.

현장 적응력을 길러 주는 마네킹 요법

많은 유학생들이 유학 준비를 철저하게 하면서도 불안해하는 것이 한 가지 있다. 혼자서나 친구들과는 준비가 잘 되어 가는데 막상 머리가 노랗고 눈이 파란 외국인들을 앞에 두고 입이 떨어지지 않을까 걱정이 앞선다.

이럴 때를 대비해 현장성을 높여 주는 마네킹 요법이 있다.

자신이 만날 것 같은 서양 사람들의 사진을 인터넷에서 찾아 뽑는다. 5-6장 정도 인쇄를 한 후 그들의 프로필을 상상해서 쓴다. 예를 들어 눈이 파랗고 머리가 빨간 아름다운 여자 사진을 놓고는 이렇게 쓰면 된다.

이름 : Celeste Johanson		
직업 : 모델	나이 : 26	관심사 : 패션, 요리
국적 : 뉴질랜드	주소 : 뉴욕 맨해튼	

이렇게 나열해 놓고 이 사진과 대화를 시도하면 된다.

"Hello, my name is _____. What is your name?"

(안녕, 내 이름은 ____이예요. 당신의 이름은 뭐죠?)

"What is your job?" (직업이 뭐예요?)

"How old are you?" (나이가 어떻게 되세요?)

"What are your interests?" (관심사가 뭐예요?)

"Where are you from originally?" (국적이 어떻게 되세요?)

"What is your address?" (주소가 어떻게 되세요?)

단 실제로 사람을 만났을 때 사생활 침해가 되지 않게 질문을 가려서 해야 한다는 것을 명심해라. 처음 보는 한국 사람과 나눌 것 같은 이야기를 나누라는 것이다.

더 이상 유학 생활을 두려워하지 말고 만끽하라. 몇 가지 놀이를 통해 이렇게 자유로워질 수 있는데 공연히 머리 쥐어뜯으며 속으로 끙끙 앓지 마라! 놀이에 답이 있다!

인생의 차이를 만드는
영어 놀이법

영어는
놀이다

CHAPTER 3

부모가
꼭 알아야 할
영어
교육법

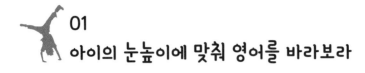

01
아이의 눈높이에 맞춰 영어를 바라보라

아이들이 가장 어려워하는 것은 공부다. 아이들이 공부를 어려워하는 이유는 부모가 자식이 아직 어린아이임에도 불구하고 다 큰 아이들처럼 책상머리에 붙어 앉아 공부하기를 바라기 때문이다. 한창 에너지가 넘치고 활력이 앞서는 나잇대의 아이들이 가만히 방 안에 들어앉아 공부를 하고 싶겠는가? 이것이 다 부모가 아이의 눈높이에 맞춰 생각하지 않았기에 일어나는 일이다.

아이들에게 공부를 요구하기 전에 아이의 연령대를 생각하라. 공부도 다 때가 있다. 놀이도 마찬가지다. 다 자기 나이에 맞게 영어를 습득할 수 있다.

가드너Gardner의 심리학에 따르면 우리에게는 다양한 IQ가 있다. 공부하는 IQ가 다가 아니라는 것이다. 이 중에는 물론 예체능도 있다. 그런데 우리가 아이들에게서 주로 요구하는 IQ는 앉아서 공부하는 지능이 전부이니, 아이들이 공부에 부담을 느끼고 싫어하는 것은 어찌 보면 당연하다. 대개는 부모가 자초한 일이다.

아이들의 관심을 끌고 싶은가? 환심을 사고 싶은가? 내 아이의 연령대에 맞춰 생각을 해 보아라. 교육학에서 자주 거론되는 심리학자 에릭 에릭슨에 의하면 아이들의 성장 시기에 따라 다른 교육 방법이 요구된다.

신생아 때는 영어 교육이나 놀이를 할 수도 없고 권장하지도 않으니 거론하지 않겠다.

아이가 2-3살에 들어서면 자율성을 갖고 생활하기 시작한다. "안 해."라는 말을 자주 사용함으로써 자신의 의사 표현도 한다. 이럴 때 억지로 앉혀 놓고 영어 동화를 읽어 주거나 알파벳을 가르쳐 주려 하는 것은 허튼짓이다. 앞서 말했듯이 글자는 8세가 다 되어 배우는 것이 유익하다.

아이들이 이렇게 말을 안 듣고 칭얼거릴 때는 환경을 조성해 봐라. 영어 동화책에 관심을 갖게 하고 싶으면 주변에 동화책을 준비해 놓아라. 또, 글자를 가르치려 하지 말고 놀아 줘라. 아직 영어를 가르치진 말고 모국어인 한국어 체계를 완전히 습득하도록 이야기를 많이 들려줘라.

3세부터 6세까지는 '유희 연령'이라고 해서 놀이에 집착을 한다. 자기가 주도한 놀이에 호기심을 많이 갖게 되는데 이럴 때는 동화책 그림을 보여 주고 영어로 읽어 줘라. 영어에 흥미를 갖게 되면 앞서 말한 토끼펜 등을 구입해서 동화책을 직접 보며 놀게 해 줘라. 지나치게 엄격한 훈육은 아이들에게 죄책감을 심어 줄 뿐이다.

6세부터 11세까지는 열등감이 생기기 쉬우니 <u>칭찬을 많이 해</u> <u>줘라</u>. 학교 공부가 많이 어려워질 시기이니 집에서 숙제를 할 때 앞서 말한 놀이 형식으로 같이 놀아 줘라.

13살 정도가 되면 정체성이 확립되어 간다. 분명한 역할이 주어진 놀이로 아이가 <u>스스로 창의적으로</u> 놀 수 있게 도와주는 것이 좋다.

이처럼 나이에 따라서 영어 놀이도 달라진다.

다음 차트에서 아이 연령에 맞는 놀이를 추천해 주겠다.

연령대	놀이 추천
2-6세	하루 30분 모래놀이, 3분간의 눈 맞춤과 대화, 엄마가 읽어 주는 영어 동화, 오감 만족 찰흙놀이, CD와 함께하는 노래 교실
6세-11세	영어로 요리하기, 영어로 노는 숨바꼭질, 말하는 동물 친구, CD와 함께하는 노래 교실
13세	Scrabble, Boggle, Detective Q, 팝송과 함께하는 해석 교실

팝송과 함께하는 해석 교실은 의외로 단순하다.

먼저 팝송을 하나 골라서 가사를 인터넷에서 찾아 뽑아라.

나는 Westlife의 'My Love'를 골랐다.

"An empty street, an empty house, a hole inside my heart.
I'm all alone, the rooms are getting smaller. Oh yeah."

가사가 프린트된 종이를 친구들과 나눠 가진 후 제일 먼저 해석을 끝내는 사람이 이기는 것이다. 이 가사의 경우 해석은 다음과 같다. 규칙상 사전을 써도 된다.

"휑한 거리, 휑한 집, 내 마음 속의 구멍.
나는 혼자다, 방들이 작아진다. 오우 예."

가끔씩 아이들의 영어 어휘력이나 우리말 표현력이 달릴 수도 있다. 팝송은 실제 생활에서 많이 쓰는 형용사적인 표현을 쓰기 때문이다. 예를 들어 다음 가사를 보자.

"And oh my love, I'm holding on forever."

이것을 직역하면 "그리고 내 사랑, 난 영원히 위에 잡고 있어."가 되는데 이것은 옳은 표현이 아니다.

"그리고 내 사랑, 난 영원히 기억할 거야."인데 여기서 holding on은 무엇을 애타게 기억한다는 뜻이다.

이렇게 다양한 표현 방법이 있는데 정답을 어떻게 아는가? 구글 검색 엔진에 가사 뜻을 적으면 다 뜬다. 대신 게임을 하는 동안에는 인터넷을 쓸 수 없게 해야 한다. 아이들끼리 모여 앉아 이런 게임들로 시간을 보내다 보면 영어가 엄청나게 늘 것이다.

이 모든 것이 다 아이들과 눈높이를 맞추는 데서 시작한다.

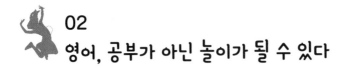

02
영어, 공부가 아닌 놀이가 될 수 있다

영어 하면 떠오르는 단어가 공부다. 이는 모든 대한민국 사람들이 공감할 수 있는 사실이다. 우리나라는 전 국민이 영어 수험생과 같다고 해도 과언이 아니다. 수많은 사람들이 밤새워 고민하며 영어 공부를 하고 있다. 그런데 이렇게 어렵게만 느껴지는 영어가 공부가 아니라 놀이가 될 수 있다면 어떨까?

영어가 놀이로 자리 잡은 나라가 바로 핀란드다. 'PD 수첩'에 따르면 핀란드 영어 수업에는 시험도 없고 점수도 없다. 그런데 국민이 거의 다 영어를 구사할 줄 안다. 그렇다고 핀란드어가 유럽 언어니까 영어랑 비슷하다고 생각하면 큰 오산이다. 한국어와 영어가 다르듯 핀란드어와 영어도 다르다.

핀란드 국민들은 애초부터 영어를 놀면서 배운다. 게임을 하고 노래를 하며 영어를 어린 나이부터 친근하게 접한다. 얼마나 영어를 잘 익혔는지 같은 반 친구들끼리 스스럼없이 영어로 대화도 나눈다. 그리고 핀란드에서는 특수교육기관에서만 이런 영어 습득 방식을 채택한 것이 아니다. 영어를 자유롭게 배우는 것도 하나의 문화다. 나라에서 이런 문화를 장려하다 보니 자연스레 국민들이 자유자재로 영어를 사용한다.

나는 영어를 유독 좋아해 사전을 독파했다. 하지만 영어를 유달리 좋아하지 않는 사람들도 놀이로 영어를 즐길 수 있는 문화가 있다면 쉽게 영어를 습득할 수 있을 것이다. 한 개인이 아닌 핀란드라는 나라 전체가 그것을 여실히 보여 주고 있다. 단지 몇몇 개인의 사례라면 보편적으로 적용하기 어려울 수도 있겠지만, 나라 전체 국민 전체가 그렇게 한다는 것은 우리도 문화만 바꾸면 그렇게 할 수 있다는 것이다. 핀란드의 사례는 걱정이 앞서는 대한민국의 영어 현실에 한 줄기 희망의 빛을 던져 준다.

어떻게 하면 영어가 힘겨운 공부를 넘어서서 즐거운 놀이가 될 수 있는가? 쉽다. 방법을 알기만 하면 참 쉽다.

첫째, 우선 열린 마음을 가져라. 영어를 잘 하려면 이래야 한다는 선입견을 버려라. 마음이 자유롭지 못하면 행동도 속박될 수밖에 없다.

둘째, 시간의 여유가 필요하다. 내일 당장 대입 수능을 봐야 한다면 오늘부터 영어 놀이에 심취하는 것은 옳지 못하다. 그런 상황이라면 어쩔 수 없이 수능 영어를 공부해야 한다.

셋째, 즐거운 마음가짐이 있어야 한다. 놀이를 하는 데 앞서 스트레스를 받고 있거나 기분이 침울하다면 영어 놀이의 효과도 반

감될 수밖에 없다.

그렇다면 어떤 놀이로 영어를 배울 수 있겠는가?

초보Beginner부터 잘 인도해 주겠다. 수준에 따라 단어와 문장만 바꾸면 되고 내용은 같다.

문장에서 빠진 단어 맞히기

우선 책, 잡지, 인터넷 등에서 영어 문장을 수집하라. 일단 100 문장 정도 수집해 보고 시간 되는 대로 계속 수집하면 된다. 그리고 수집한 문장에서 단어를 하나 빼라. 단어를 뺀 자리에는 단어의 역할과 철자 수를 집어넣어라.

예를 들겠다.

> 1. (원문) Tom hates going out on Saturdays.
> 2. (빈칸 문장) Tom hates going out _____ Saturdays.
>   전치사, 2글자

카드의 앞면에는 완전한 1번 문장을 적고 뒷면에는 2번 빈칸 문장을 적어라. 그리고 빈칸에 어떤 단어가 들어갈지 맞혀 보는 것이다. 앞면을 확인하여 맞힌 카드는 따로 빼놓고 틀린 것만 반복해서 풀다 보면 영어 단어가 늘 뿐더러 영어 문장 유형에 익숙해질 것이다. 표현력도 키우고 말이다.

유의어를 통한 어휘 확장

단어 실력을 향상시키는 놀이도 있다. 우선 단어를 수집하라. 공책을 들고 다니면서 생활 속에서 접하게 되는 영어 단어들을 적어라. 알파벳 순서가 아니어도 상관없다. 그런 후 한국어 뜻을 적어라. 사전을 찾아 정확하게 적는 것이 좋다. 그리고 유의어 사전 Thesaurus을 참고하여 한국어 뜻 옆에 영어로 유의어를 한두 개씩 적어 놓아라. 그런 다음, 공책에 적어 둔 내용으로 단어 카드를 만들어라. 예를 들어 공책에 적힌 단어가 nebulous라고 해 보자.

> (공책 내용) nebulous 흐릿한, 모호한, ambiguous
> (카드 기록) n _ _ _ _ _ _ _
>   흐릿한, 모호한, ambiguous

카드엔 이렇게 맞혀야 할 단어의 첫 철자와 철자 수를 표현해 놓아라. 그리고 공책에 있는 단어들을 숙지할 수 있는 충분한 시간을 가진 뒤 말로써 카드에 있는 문제를 풀어 보아라. 카드에 글씨를 쓰거나 표시를 하지는 말고 게임을 할 때마다 재사용하면 된다.

영어 상식을 넓히는 객관식 게임

또 한 가지는 객관식Multiple choice 게임이다. 우선 영어로 재미있는 상식이 포함된 문장들을 수집해라.

예를 들면 다음과 같다.

Shakespeare spelled his plays in many different ways.

그리고 헷갈릴 만한 객관식 답을 완성해라. 이 게임은 두 명 이상이 하는 것이 가장 적합하다.

a. Shakespeare spelled his name in many different ways.

b. Shakespeare wrote his plays in many different castles.

c. Shakespeare published all his works with the same publisher as Harry Potter series.

d. Shakespeare dressed as a woman in many different occasions.

여기서 옳은 문장을 하나 선택해야 한다. 정답은 a다.

이렇게 놀다 보면 영문화권에 대한 지식이 높아져 같은 영어 대화를 해도 내용이 있는 말을 할 수 있다.

표현력을 길러 주는 영어 키워드 설명 카드

영어로 말을 하고 싶은가? 그러면 또 다른 게임이 있다.

우선 모래시계를 하나 구입하라. 1분짜리가 가장 적합하지만 좀 더 시간이 길어도 상관없다. 그리고 단어 카드를 만들어라. 단, 키워드가 되는 단어마다 흥미로운 내용을 함께 적어야 한다. 그러려면 키워드에 대한 조사가 필요하다. Princess Diana를 키워드로 정했다면 다이애나 공주가 어떤 사람이었는지, 무슨 일을 했는지, 어떤 삶을 살았는지 등을 찾아보는 것이다.

예를 들자면 이렇다.

(카드 앞면 키워드) 'Princess Diana'

(카드 뒷면 설명) Diana, Princess of Wales was the first wife of Charles, Prince of Wales. She is remembered for working hard to ban landmines worldwide. She died in a car crash in Paris.

이 내용을 1분 동안 모래시계로 시간을 재면서 읽어라. 그리고 다시 1분 동안 카드 없이 자연스럽게 말해 보아라. 되도록이면 똑같은 말을 반복하지 말고, Princess Diana에 대해 자신이 평소에 가지고 있던 기본 상식을 활용하여 표현하면 더 매끄러울 것이다.

(카드 없이 설명) "I will tell you about Princess Diana. She was the Princess of Wales. She was married to Prince Charles. She worked hard to ban landmines all over the world. She died in a car crash in France. There is a movie about her. It was very interesting. She looked very sad in the movie. In reality, she was very charismatic. I like her a lot. I wish she were still alive."

이런 방식으로 혼자서도 놀아 보고 친구들과도 놀아 보아라. 자연스레 말문이 트일 것이다. 키워드를 정하고, 관련 지식을 조사하고, 그 내용을 영어 문장으로 다듬어 말로 자꾸 표현하다 보면 재미도 있고 상식도 풍부해지고 영어 실력도 쑥쑥 자랄 것이다.

이렇게 영어 공부를 놀이 문화로 자리 잡게 할 수 있는 수많은 방법들이 있다. 더 이상 기회를 놓치지 마라. 이제부터라도 영어로 놀아라!

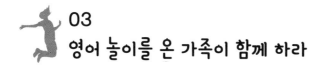

03
영어 놀이를 온 가족이 함께 하라

공부는 자신과의 싸움이라고 한다. 고독한 일이기 때문이다.

그런데 영어 놀이는 결코 고독한 길을 걷는 것이 아니다. 영어 놀이는 참여 인원이 많을수록 즐겁고 많은 사람들에게 유익하다. 온 가족이 함께 영어 놀이를 하며 아이들을 응원해 주는 것도 중요하다. 가족이 함께 참여하게 되면 자연스레 집 안에서 열린 교육이 실천된다.

그렇다면 가족들이 다 함께 할 수 있는 영어 놀이는 뭐가 있을까? 평소 공부 방법이나 학원 정보에 대해서는 박식한 가족들이 놀 때는 의외로 별 도움이 안 된다. 놀이가 곧 소통의 장이자 공부의 연장선인데, 게다가 평생의 과제인 영어를 놀이로 쉽고 즐겁게 습득하겠다는데, 정작 놀이에 대해 이리도 무식해서 되겠는가?

괜찮다. 이제부터라도 배우면 된다. 고기도 먹어 본 사람이 먹듯이 놀이도 놀아 본 사람이 놀 줄 안다.

가족들이 놀이에 동참할 때 얻을 수 있는 좋은 점이 있다. 바로 집에서 영어로 말문이 트일 수 있다는 것이다. 내가 가르쳐 본 아이들 중 상당수가 학교에서는 영어를 써도 집에서는 자기 나라 말을 써서 학교 공부에 뒤처지는 경우가 간혹 있었다. 언어는 연습이 중요하기 때문이다. 그런데 집에서 영어로 놀아 줄 수 있는 획기적인 방법이 있다.

학교생활 질문 카드를 활용한 영어 대화

아이가 학교에서 열심히 공부하고 집에 돌아왔다고 가정하자. 보통 학교를 다녀오면 아이는 배가 고파 있다. 이때 맛있는 간식을 준비해 주면서 영어로 놀아 주면 된다.

간단한 표현을 몇 가지 익혀 영어로 질문하라.

"How was school?" (학교는 어땠니?)

"Do you have a lot of homework?" (숙제는 많니?)

"Are you hungry?" (배고프니?)

"What did you learn today?" (오늘 뭐 배웠니?)

"Did you have fun at school?" (학교는 재미있었니?)

"What do you want for snack today?" (간식 뭐 먹을래?)

"Are you feeling hot?" (덥게 느껴지니?)

"Are you feeling cold?" (춥게 느껴지니?)

"Are you feeling sick?" (어디 아프니?)

"What was your favorite class today?" (오늘 학교에서 제일 재미있었던 수업이 뭐니?)

이렇게 자유자재로 질문을 하고 싶겠지만 아마 부모가 영어에 능숙하지 못한 경우도 있을 것이다. 그렇다면 이렇게 해 보아라. 조그마한 통에 위 질문들을 영어와 한국어로 적어 넣어 둬라. 아이가 학교에서 돌아오면 간식이 준비되는 동안 하나씩 꺼내어 같이 읽어 보아라. 그러면 아이도 부모도 질문이 익숙해질 것이다. 그럼 답은 어떻게 하냐고? 우선 대답은 한국어, 콩글리쉬, 그리고 영어 순서로 해 보아라. 한국말로 해 보고 다시 영어를 섞어서 말해 보아라. 그리고 다른 게임들을 통해서 말이 늘면 가능한 영어로 답을 하려고 노력하라.

대화법을 익힐 수 있는 영어 닉네임 부르기

또 다른 놀이가 있다. 가족 멤버마다 영어 닉네임을 지어 줘라. 영어는 반말, 존댓말이 없기 때문에 닉네임으로 서로를 호칭하다 보면 부모 자식 관계의 부담에서 벗어나 좀 더 편하게 영어로 대화를 나눌 수 있다. 물론 아빠, 엄마는 "Dad"와 "Mom"이다. 외국에는 아빠, 엄마 이름을 부르는 집안도 있지만 흔하지는 않다. 우리는 이름을 부르기보다는 서로 닉네임으로 호칭하기로 하자.

그리고 한국어로 말을 걸더라도 먼저 닉네임을 부르기로 정하고, 이를 지키지 않았을 때는 벌칙으로 설거지를 하기로 한다. 아이가 어릴 경우는 그냥 살짝 안 아프게 꿀밤을 먹여 규칙을 지키지 않으면 벌칙이 있다는 것을 이해하게 하라.

영어 닉네임 부르기는 먼저 이름을 부르고 자연스럽게 대화를 이어 가는 문화를 터득하게 할 수 있는 방법이다.

끝말잇기에 이어 '끝말잇기·2'도 재미있는 놀이 중의 하나다. 다음과 같이 진행하면 된다.

먼저 호칭이나 닉네임을 부르고 단어를 말한다. 그런데 호칭이나 닉네임을 부르지 않고 단어를 말하면 단어가 맞았어도 진다.

"Dad, banana!" (아빠, 바나나!)

"Steve, ape!" (스티브, 원숭이!)

"Elephant!" (코끼리!)

"Steve, you lose!" (스티브, 넌 졌어!)

이렇게 놀다 보면 자연스럽게 호칭이나 이름 뒤에 영어로 말하는 것에 익숙해진다.

간단한 문법을 익힐 수 있는 포인팅 게임

단어와 문장 실력 향상을 위한 또 다른 놀이가 있다. 포인팅 게임The Pointing Game인데 이렇게 놀면 된다.

"Mom, look!" (엄마, 보세요!)

엄마나 다른 가족 멤버를 부른 뒤 아무 물건이나 가리키는 것이다.

"Book!" (책!)

엄마가 문장 없이 단어로만 책이라고 답하면 틀린다.

"It's a book!" 이라고 답해야 한다.

여기에는 몇 가지 간단한 어법이 사용된다. 물건이 알파벳에서 자음으로 시작되는 단어일 때는 'a'라는 부정관사를 앞에 붙인다. 물건이 알파벳에서 모음으로 시작되는 단어일 때는 'an'이라는 부정관사를 사용한다. 정관사 the는 사용하지 않는다. 이유는 단순히 어떤 한 물건을 지칭하는 것이지 그 물건이 특별하지는 않기 때문이다. 이렇게 간단한 놀이로 단어, 문장 유형, 그리고 문법을 익힐 수 있다.

만약에 지칭하는 물건을 표현하는 단어를 모르면 벌칙을 정해라. 벌칙은 너무 기분 나쁘지 않을 정도로 해야 즐거운 놀이가 될 수 있다.

여러 가지 놀이를 예로 들었는데 다 가족이 함께 참여해야 사용할 수 있는 놀이들이다. 함께해라. 함께 승리해라.

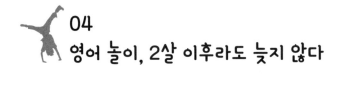

04
영어 놀이, 2살 이후라도 늦지 않다

결코 늦지 않았다.

여기까지 읽었다면 내심 걱정이 될 수도 있다.

'우리 애가 영어 놀이를 하기엔 너무 늦어 버린 게 아닐까?'

'내가 왜 우리 아이에게 공부만 하라고 닦달했을까?'

'내가 우리 아이를 너무 못 놀게 했구나.'

'우리 아이 창의력이 다 죽어 버린 것은 아닌지….'

이렇게 답답해하는 부모들에게 해 주고 싶은 말이 있다.

나는 영어 교육 전문가다. 과외 공부, 학원 공부, 봉사 활동, 학
교 정규 수업 등에서 다양한 수준의 수많은 아이들을 만나 왔다.
그런데 이 과정에서 내가 얻은 결론은, 어느 누구도 가르치기에
는 늦었을지언정 놀기에는 결코 늦지 않았다는 것이다. 평생 교
육이라는 말이 있는 것처럼 평생 놀다 죽은 귀신이 때깔도 곱다는
말을 해 주고 싶다.

창의력이 개발될 나이가 지났다면 속상할 수도 있다. 하지만 이미 엎질러진 물을 두고 후회하지 말라. 가 버린 시간은 어쩔 수 없지만 앞으로 남은 시간도 많다. 내 아이가 자유롭게 자란 아이보다 조금 늦었을지라도 따라잡을 수 있게 도와주면 된다.

그런데 놀지 않았던 아이에게 어떻게 갑자기 딱딱한 영어 공부 대신 놀이를 즐기며 영어를 습득하게 할 수 있을까? 여기 몇 가지 게임들을 나누고자 한다. 힘들기만 했던 영어가 가까워질 수 있는 절호의 기회다.

유의어 맞히기 빙고 게임

첫 번째 게임은 이렇다. 유의어를 많이 알수록 언어 구사력이 개발된다. 그런데 유의어는 다양하기 때문에 하루아침에 배울 수 있는 게 아니다. 이런 유의어를 그냥 외우면 재미도 없고 아이들도 싫어하겠지만 게임 삼아 하면 아이들이 놀이의 재미를 위해 스스로 외우게 될 것이다.

먼저 유의어 사전을 하나 구입해라. 이왕이면 옥스퍼드Oxford나 케임브리지Cambridge 출판사에서 나온 책이 좋다. 이 두 출판사는 언어학으로 유명하기 때문에 익숙하지 않은 단어들까지 선별하여 제시해 준다.

그리고 사전에서 표제 단어 열 개를 골라 종이에 적고 그 옆에 유의어도 하나씩 적어 놓아라. 다 됐으면 온 가족이 볼 수 있게 냇

장고 문에 붙여라. 단어들을 볼 때마다 철자와 뜻도 외우고 큰 소리로 읽어 봐라. 발음을 몰라 읽을 수 없다면 온라인 사전으로 단어의 발음을 들어 봐라. 아이들 수준에 맞춰 1주일이나 2주일 또는 한 달에 한 번씩 그동안 익힌 단어들로 게임을 해라.

게임은 다름 아닌 빙고다. 빙고도 시중에서 파는 것이 아니라 집에서 직접 빙고판을 만드는 것이 좋다. 우선 단어를 적을 수 있도록 종이를 넉넉하게 잘라 정사각형을 만들어라. 그 정사각형을 가로 세로 3칸씩 9칸으로 나누어라. 그리고 투명 테이프로 빙고판을 다 덮어라. 이제 필요한 것은 화이트보드용 펜과 매니큐어 제거용 알코올이다. 매니큐어 지우는 솜도 함께 준비해라.

게임을 할 때는 그동안 익힌 표제 단어와 유의어 쌍들 중에서 아무거나 하나씩 골라 빙고판의 칸마다 무작위로 적어라. 이때 빙고판에 표제 단어와 유의어를 둘 다 적지 않도록 유의한다. 그리고 바둑알이나 조약돌을 준비해라. 가족 중 한 사람이 출제자 겸 채점자가 되어 냉장고에 붙여 놓았던 종이를 들고 빙고판에 적히지 않은 단어들을 마음 가는 대로 하나씩 불러라. 그러면 빙고판을 가진 가족들이 출제자가 불러 주는 단어와 비슷한 의미의 단어에 조약돌을 올려놓으면 된다. 하나의 빙고판으로 가족들이 함께 의논하여 체크해도 되고, 어느 정도 익숙해지면 각자 빙고판을 만들어 게임을 하면 더 재미있다.

가로, 세로, 대각선 어느 방향으로든 3칸이 나란히 채워지면 빙고다. 채점은 간단하다. 빙고를 외친 사람이 빙고판에 한 줄로 나란히 바둑알로 체크된 단어를 말할 때마다 채점자가 자신이 처음에 불러 준 단어와 비슷한 의미의 단어인지 확인하면 된다. 유의어가 아닐 경우 판을 알코올과 솜으로 지우고 게임을 처음부터 다시 시작한다. 가족들이 돌아가면서 채점자를 하면 함께 실력이 향상될 수 있어 좋다.

색깔 물고기 단어 물고기 재미있는 낚시 게임

아이가 어리다면 시도해 보기 좋은 게임이 또 있다. 3-6세 된 아이가 있다면 낚시 게임을 해도 된다. 우선 효자손을 같이 놀 가족 수대로 마련한다. 꼭 효자손이 아니라 낚싯대가 될 만한 막대기면 된다. 물건 묶을 때 사용하는 끈도 함께 준비한다.

끈을 아이 허리까지 오게 늘어뜨려 효자손이나 막대기에 묶어 줘라. 끈 끝에는 자석을 하나 묶어라. 그리고 물고기 모양으로 색종이를 오려 낸 후 하나씩 색깔을 골라 칠하여 다양한 색깔의 물고기들을 만들어라. 그리고 코팅을 한 후 코팅된 물고기에 클립을 꽂아라.

아이가 효자손으로 낚시를 하면 낚인 물고기의 색깔을 영어로 말해 줘라. 아이가 색깔과 소리만 매칭할 수 있게 해 주면 된다. 물고기에 글자는 적지 말아라. 아직 글자를 배울 때가 아니기 때문이다. 너무 일찍 글자를 접해도 창의력이 떨어진다는 연구 결과가 있으니 유의해라. 그러다 아이가 자라 6-11살이 되면 물고기에 단어를 써 놓고 엄마가 불러 주는 단어가 적힌 물고기를 낚시하게 해도 된다.

문법 용어를 쉽게 익힐 수 있는 낱말 카드

아이가 만약 13세 정도 된다면 학교에서 틀림없이 문법을 배우고 있을 것이다. 여기서 문법을 쉽게 익힐 수 있는 방법을 알려 주고자 한다. 아이들이 가장 많이 어려워하는 것은 문법 용어다. 분사particle, 동명사gerund, 접속사conjunction 등등은 아이들에게 생소한 용어다. 이런 문법을 아이들에게 재미있게 가르친다면 아무래도 그저 앉아서 달달 외우는 것보다 더 오래 기억에 남는다. 앞에서 알려 준 Detective Q라는 게임을 할 수도 있지만 여기서는 또 다른 방법을 알려 주겠다.

우선 학교에서 배우고 있는 문법 용어를 하나씩 영어와 한국어로 낱말 카드의 앞면에 적는다. 카드의 뒷면에는 그 용어의 설명을 한국어로 적는다. 그리고 화장실의 잘 보이는 곳에 놓아둔다. 아무래도 자주 보게 되기 때문이다. 처음 한 달간은 그저 카드를 읽기만 한다.

한 달이 지났으면 영어 문장을 문법책에서 베껴 공책에 옮겨 적어라. 그리고 그 공책과 연필을 카드 옆에 둬라. 화장실에 있는 동안 눈을 감고 카드를 한 장 집어서 공책에 적어 놓은 문장에 해당 문법을 표기하라.

예를 들어 접속사라는 카드를 집었으면 문장에 있는 and, but, or, yet, for, nor, so에 연필로 줄을 쳐라. 정답은 화장실에서 나와 문법책으로 확인하면 된다. 보통 문법책에 문장의 구조Sentence Structures를 가르치는 단원이 있는데 그곳에 답이 나와 있을 것이다. 익숙해지면 문장을 신문이나 잡지, 책 등에서 얻어 오라. 문장은 물론 영어로 되어 있어야 한다. 이렇게 하면 화장실에 갈 때마다 문법 용어의 개념을 하나씩 정확히 이해할 수 있다. 용어의 개념이 잡히면 다양한 영어 문장을 통한 연습과 파악이 수월해지고 시간이 갈수록 속도가 붙는다.

아이들이 자람에 따라 필요한 영어 놀이가 달라진다. 아직 어린 아이에게는 되도록 노래나 몸으로 느낄 수 있는 놀이가 적합하고, 조금 큰 아이에게는 머리를 쓰는 놀이가 적합하다.

영어를 놀이로 배우면 꼭 투자를 많이 해야 할 것 같은데 오히려 돈은 적게 드는 것이 특징이다. 놀이 도구를 집에서 만들 수 있기 때문이다. 문방구나 마트에서 파는 재료로도 얼마든지 영어 놀이를 즐기며 영어 실력을 향상시킬 수 있다.

새로운 영어 놀이를 집에서 직접 만들고 싶다면 스스로에게 아래의 질문들을 던져 봐라.

이렇게 스스로 질문을 해 봄으로써 이 책에 소개된 놀이들을 아이에 맞게 제대로 활용할 수 있고, 또 집에서 직접 새로운 영어 놀이들을 개발할 수도 있다. 재미있게 도전하라! 아이에게만이 아니라 엄마 아빠에게도 즐겁고 행복한 도전, 결국엔 얻는 게 있는 도전이다.

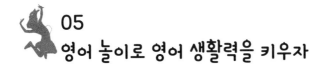

05
영어 놀이로 영어 생활력을 키우자

　흔히들 영어를 잘하는 사람은 영어 점수도 높다고 생각한다. 맞다. 하지만 어렸을 때부터 강조해야 할 것은 점수가 아니다. 영어를 잘하는 사람이 영어 점수가 높다는 것은 상관관계가 있지만, 역으로 영어 점수가 높다고 영어를 잘하는 것은 아니기 때문이다. 아무리 어릴 때 점수가 좋았어도 커서 해외 나가서 꼭 적응을 잘하리라는 보장은 없다. 다시 말해, 영어 문제를 풀 줄 안다고 영어로 의사소통할 수 있는 것은 아니다.

　반면에 생활력이 있는 영어는, 비록 시장 바닥에서 주워들었을지라도 먹고사는 데 바로 적용할 수 있는 그런 언어다. 그렇다면 이런 생활력 있는 영어는 어떻게 습득할 수 있겠는가? 모두가 조기 유학을 갈 수 있는 형편이 되면 좋겠지만, 그렇지 못한 경우나 아니면 아이나 부모가 조기 유학을 기피하는 경우라면 영어 놀이가 해답이 될 수 있다.

영어 놀이는 이미 핀란드에서 검증된 교육 방법이다. 국제학교에서도 공부 이외에 놀이를 통해 영어를 가르치기도 한다. 아이의 창의력을 살리면서도 영어를 잘 습득할 수 있게 해 주는 방법이기 때문이다.

영어 교육의 역사는 길다. 그런데 영어 놀이의 역사도 결코 짧다고 할 수 없다. 이유는 공식 영어 교육 기관이 생기기 전부터 외국 아이들은 노랫말이나 게임 등을 통해 자기 언어를 익혔기 때문이다. 우리나라 아이들이 한글을 떼기까지 여러 가지 놀이를 통해 말과 글을 배우는 것과 다를 바가 없다.

내가 구사하는 영어도 생활력이 있는 영어다. 영어를 통해 외국인들과 자유롭게 커뮤니케이션을 할 수 있다. 또한 돈을 벌 수도 있다. 머릿속에 지식으로만 있는 영어가 아니라 생활에 깊이 스며든 언어이기 때문이다. 이렇게 마음 가는 대로 영어를 구사할 정도의 수준이 되려면 공부를 놀이처럼 하는 것이 효율적이다. 공부를 좋아하는 사람은 많지 않지만 노는 걸 마다하는 사람은 거의 없기 때문이다.

우리나라에서는 국제 영어 시험 만점자가 자주 나온다. TOEFL, TOEIC 만점자가 수두룩하다. 심지어 미국 대학 입학시험인 SAT 만점자도 많다. 그런데 우리나라 사람들은 회화에 약하다. 시험은 만점을 받아 놓고 막상 해외에 나가면 아무 말도 못한다. 혹 기본적인 회화가 된다고 해도 그 이상을 넘지 못한다. 대학까지 가서 꿀 먹은 벙어리가 되는 것만큼 슬픈 일이 어디 있겠는가?

그래서 여기 소개하고자 하는 몇 가지 놀이들이 있다. 13살 아이들을 위한 놀이다. 내 생각에 13살은 이제 막 어른이 되려고 하는 나이다. 영어로는 12와 13의 차이가 크기 때문이다. 12는 twelve인데 13부터는 thirteen이라고 해서 십 대teenager 취급을 한다. 그전까지는 기본 회화면 충분한 어린아이였다면, 이제는 영어 구사력의 수준을 따지는 어른의 문턱에 닿은 나이이기 때문이다.

일상 회화의 속도를 높여 주는 Speed Reading 게임

원어민들이 실제로 대화를 나눌 때는 속도감 있게 말한다. 책 읽듯이 말하는 사람은 거의 없다고 볼 수 있다. 지금 소개하는 게임은 원어민들의 일상 대화를 따라잡을 수 있도록 회화의 속도를 높여 주는 놀이이다.

그럼 이 놀이는 어떻게 시작할까? 우선 초등학교 수준의 영어책을 구입해라. Scholastic 출판사에서 나온 책들이 가장 유명하다. 미국 학교에서는 이 출판사의 책을 다량 주문하여 학생들에게 읽게 한다.

책이 준비되면 친구들을 모아 1인 이상의 두 팀으로 나눈다. 가족 수가 많으면 가족끼리 해도 된다. 그런데 아이들은 아마도 또래 친구들과 노는 것을 더 좋아할 것이다.

책과 함께 필요한 것은 타이머다. 한 팀이 먼저 미리 정해 놓은 위치까지 책을 읽기 시작한다. 들어서 의미 전달이 될 수 있도록 읽되 가능한 빨리 읽는다. 타이머로 시간을 재면서 말이다. 팀의 멤버가 여럿이면 각자 읽고 싶은 만큼 읽은 후 다른 멤버한테 넘기면 된다. 두 번째 팀도 시간을 재며 같은 곳을 읽는다. 이것이 바로 'Speed Reading'이다. 정해진 위치까지 읽은 후 타이머로 잰 시간이 더 짧은 팀이 승리한다.

이런 방식으로 책을 읽다 보면 빠른 속도로 영어를 말하고 들을 수 있을 것이다. 한마디로 영어를 빠르게 구사할 수 있게 된다. 입모양을 훈련시키기 때문이다. 자연스럽게 혀도 버터를 문 것처럼 매끄럽게 영어를 구사할 수 있게 된다.

만일 친구들이나 가족들을 부르는 것이 여의치 않으면 혼자 놀아도 된다. 책과 시간을 잴 수 있는 타이머만 있으면 된다. 처음 읽었을 때 걸린 시간보다 두 번째 읽었을 때 더 적은 시간이 걸렸다면 승리한 것이다. 읽기 속도 향상과 기록 갱신이 목표다.

어휘력을 길러 주는 단어 암기 뽕망치 게임

이번에 소개할 게임은 '뽕망치 게임'이다. 문구점에서 뽕망치 몇 개를 구입하고 시중에 나온 SAT Vocabulary 책도 구입해라. 일종의 단어 게임인데 이 책으로 놀면서 단어를 익히면 고등학생이 되었을 때 고급 단어에 익숙해져 있을 것이다. 여러 명이 필요한 놀이인데 두세 명만 있어도 재미있게 영어 놀이를 할 수 있다.

게임의 진행 방법은 이렇다. 먼저 게임 참가자들이 책의 특정 페이지 또는 일정한 범위의 단어들을 익힌다. 약속을 잡고 미리 외워 오게 하면 더 좋다. 출제자로 선택된 아이가 단어의 우리말 뜻을 읽어 준다. 그러면 뿅망치를 가장 먼저 두드린 사람이 답할 수 있는 기회를 얻는다. 답이 맞으면 점수를 받고 답이 틀리면 아무런 점수도 받지 못한다. 가벼운 벌칙으로 친구들끼리 뿅망치로 틀린 아이의 발바닥 때리기를 하면 게임의 재미를 더할 뿐만 아니라 긴장감과 승부욕을 높여 단어 암기의 효과를 극대화할 수 있다. 물론 다치거나 서로 감정을 상하는 일이 없도록 유의한다.

영어 작문 실력을 향상시켜 주는 Speed Writing 게임

다음 소개할 게임은 영어 문장 실력을 향상시키는 데 유용한 게임이다. 게임 이름은 'Speed Writing'인데 하나의 주제를 정하여 3분 이내에 가장 많은 문장을 만드는 사람이 이기는 게임이다. 이 놀이는 혼자서도 할 수 있다.

예를 들어 주제어가 'Farm농장'이라고 하자. 3분이 주어진다. 타이머를 사용하면 된다. 문장을 만들 때 farm이라는 단어를 꼭 써야 한다.

'This is a farm.'

'I live on a farm.'

'I love farms.'

'The farm is old.'

'There are animals on this farm.'

'I like the new barn on the farm.'

'Many children live on the farm.'

이런 식으로 문장을 만들면 된다. 문장에서 단어나 문법이 틀리면 1점씩 감점을 받고, 맞으면 각 문장마다 3점을 받는다. 합계를 내 점수가 높은 사람이 이긴다. 혼자 할 때는 지난번보다 이번에 더 높은 점수가 나오면 이긴 걸로 한다. 처음에는 같은 패턴의 단순한 문장만 반복해서 쓰는 것 같아도 차츰 실력이 다져지면서 문장을 다루는 수준이 높아지고 결국에는 성인이 되어 영어 문장을 가지고 놀 수 있는 수준이 된다.

영어 글짓기 실력을 높여 주는 3분 에세이 게임

다음으로 추천할 놀이는 '에세이 게임'이다. 많은 경우, 아이들이 문장 실력은 좋아도 에세이가 형편없다. 즉 하나하나의 문장은 의미가 닿고 문법에 맞는데, 에세이 전체의 구성이 앞뒤가 맞지 않거나 엉성하다. 게다가 일반적으로 에세이를 쓰라고 하면 스트레스를 받는다. 이 게임은 바로 이런 고민을 해결하고 글짓기 실력을 향상시켜 주는 놀이다.

에세이를 완성하는 데 주어진 시간은 3분인데 타이머를 이용하면 된다. 1분은 너무 짧고 5분은 너무 길어서 3분이 적합하다. 처음에 익숙지 않을 때는 제한 시간을 5분으로 했다가 차차 3분으로 줄여 가도 된다.

에세이 실력을 키울 수 있는 방법은 의외로 간단하다.

우선 단어 박스를 만들어라. 그리고 낱말 카드를 여러 개 만들어 카드마다 영어 단어를 하나씩 적어라. 단어는 가급적 명사로 하는 것이 좋다. 이렇게 만든 단어 카드들을 박스에 넣어 뒤섞은 후, 무작위로 맨 먼저 집는 단어가 그 에세이의 주제가 된다. 그리고 한 문단마다 다시 단어를 집어 그 문단 안에서 그 단어를 사용해야 한다. 만일 집어낸 단어를 그 문단에서 사용하지 못하거나 에세이를 제한 시간 내에 못 마치면 지는 것이다. 주어진 시간과 주제에 맞게 단어를 사용하는 법을 배울 수 있다. 무작위의 단어를 문장, 그리고 에세이로 연결시키는 훈련을 통해 단어 활용의 순발력과 글 전체의 통일성을 동시에 기를 수 있는 게임이다.

예를 들면 이렇다.

처음 집은 단어는 'Animal'이다. 그 다음 단어를 2-3개 더 집어야 하는데 난 'House'와 'Food' 2개를 집었다. 그러면 Animal을 에세이 주제로, House와 Food를 각 문단의 활용어로 하여 에세이를 작성하면 된다.

나의 3분 에세이는 이렇다.

- 에세이 주제 : Fierce Animals
- 1문단 : I am interested in fierce animals. They are more intriguing than animals living in human houses. They are wild and fierce.

- 2문단 : Fierce animals are usually carnivorous. They attack other animals and sometimes even people. They sometimes think people are food. Lions and tigers are examples of fierce animals.
- 사나운 동물
- 나는 사나운 동물에 관심이 있다. 그들은 인간의 집에 사는 동물들보다 흥미롭다. 그들은 야생적이고 사납다.
- 사나운 동물들은 보통 육식성이다. 그들은 다른 동물들을 공격하고 때로는 사람들도 공격한다. 어쩔 때 그들은 사람이 음식이라고 생각한다. 사자와 호랑이가 사나운 동물의 예다.

에세이 게임이 끝나고 쓴 글을 다시 읽어 봐라. 분명 배울 점이 많을 것이다. 때로는 뿌듯할 것이다. 이런 에세이들을 잘 모아서 파일로 정리해 놓으면 자신의 실력이 향상되는 것을 볼 수 있다.

이렇게 여러 가지 놀이들을 즐기다 보면 어느새 내 아이가 생활력 있는 영어를 구사하게 되고, 이런 놀이 문화가 우리의 교육 현장에 자리 잡으면 생활력 있는 영어를 자유롭게 주고받는 아이들이 점점 더 많아질 것이다.

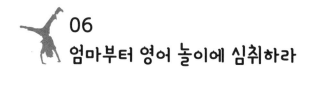

06
엄마부터 영어 놀이에 심취하라

이탈리아 대작 영화 '인생은 아름다워'를 보라. 아이들과 함께 시청할 만한 교육적인 영화다. 사뭇 감동적이기까지 하다.

주인공 귀도는 유태인이다. 히틀러 치하에 살았던 귀도는 유태인이라는 이유로 사랑하는 아들 조슈아와 함께 유태인 수용소에 갇힌다. 하지만 귀도는 아들을 살리기 위해 긍정적인 마음을 잃지 않는다. 아이가 무서워하지 않게 수용소 생활이 일종의 게임이라고 가르친다. 귀도가 아이와의 놀이에 몰입했기에 아이는 끝까지 순진하게 이 모든 것이 놀이라고 믿고 살아남을 수 있었다.

이처럼 놀이는 생명을 살릴 수도 있는 고귀한 도구가 될 수 있다. 아이의 미래가 걱정되는가? 아이를 위해 영어 놀이에 심취해봐라. 요즘은 영어 하나만 잘해도 아이의 미래가 열린다.

보통 아이들은 숙제를 혼자서 한다. 설사 엄마가 숙제를 봐준다고 해도 아이들이 알아서 하기를 바라는 마음이 크다. 공부는 자신과의 싸움이기 때문이다. 하지만 놀이는 다르다. 놀이에 참여하는 인원이 많을수록, 또 놀이에 많이 몰입할수록 놀이가 더 즐거워진다. 아이들은 영어 공부보다 영어 놀이를 더 좋아할 것이다.

부모 입장에서는 영어 놀이가 귀찮을 수도 있다. 아이가 커서 하는 놀이는 아이 혼자서도 잘할 수 있지만, 3세 정도의 어린아이들은 부모가 일일이 다 챙겨 줘야 하기 때문이다. 나도 엄마로서 그런 심정을 충분히 이해한다. 하지만 직접 시간과 품을 들여 놀이 재료를 준비하는 것뿐만이 아니라, 엄마 또한 영어 놀이에 제대로 심취해야 한다. 그래야 아이가 영어 놀이에 제대로 빠질 수 있다. 엄마의 감정은 고스란히 아이에게 전달되어 똑같은 놀이를 지루하게 만들 수도 있고 재미있어 홀딱 빠지게 만들 수도 있다. 왜 굳이 아빠가 아니라 엄마가 영어 놀이에 심취해야 하는가? 일반적인 가정에서 아빠는 아무래도 바깥일로 바쁘기 때문이다.

매일 한국어를 구사하다가 단지 아이들 영어 교육을 시켜야 한다는 이유로 하루아침에 영어 놀이에 심취하기는 쉽지 않다. 내가 말하고 싶은 것은 엄마의 마음 자세가 준비되어 있어야 한다는 것이다. 엄마가 영어에 대한 부담감을 안고 있으면 자연스레 아이도 긴장하게 된다.

우선 엄마표 영어 놀이에 대한 자신감을 찾아 줄 방법을 제시해 보겠다.

1. 영어 동요를 가사와 함께 자주 들어 봐라.

   청소하다가 봐도 되고 설거지하고 나서 쉬면서 봐도 된다. 영어 동요책과 CD는 서점에서 쉽게 구입할 수 있다.

2. 영어 사전을 항상 곁에 둬라.

   함께 놀이를 하다 보면 아무래도 아이가 질문이 많아질 것이다. 그럴 때 긴장하지 말고 쉽게 대답할 수 있도록 엄마용 사전을 따로 준비하라.

3. 평소에 아이들에게 자주 말을 걸어라.

   한국어로도 다정하게 말을 걸지 못하면 영어를 익힌들 말이 나오겠는가?

4. 아이와 놀 시간을 따로 정해 놓아라.

   아이가 놀이에 재미가 붙으면 시도 때도 없이 놀자고 조를 것이다. 그때마다 응해 주다 보면 할 일이 쌓여 짜증이 날 수도 있다. 시간을 정해 놓고 가급적 그 시간에만 아이와 놀아 줘라. 그러면 아이도 영어 놀이 시간을 기대하게 되고 서로 스트레스를 줄일 수 있다.

5. 영어 자료 수집에 온 가족이 동참하라.

   온 가족이 영어 단어와 문장을 수집해 낱말 카드를 만들다 보면, 절로 자료도 많이 모이고 가족 관계도 화기애애해질 수 있다.

6. 영어 인사말을 연습하라.

   영어가 어려운 엄마가 대부분이다. 하지만 영어 인사말 정도는 쉽게 접하고 익힐 수 있다. 아이가 학교에서 돌아오면 다정하게 영어로 인사를 건네 봐라. 아마 아이가 정말 재미있어할 것이다.

이렇듯 엄마가 영어 놀이에 심취할 수 있는 방법은 단순하면서도 다양하다. 처음부터 지레 겁먹지 말고 그냥 내가 할 수 있는 수준에서 용기 내어 시작하면 아이의 영어 실력과 더불어 엄마의 실력도 쑥쑥 자랄 것이다.

이번에는 엄마의 영어 노이로제를 풀어 주고 엄마가 영어를 쉽게 익힐 수 있도록 도와줄 놀이들을 소개하겠다.

나도 한다 버터 발음 '발음 폭탄' 놀이

첫 번째로 소개할 놀이는 '발음 폭탄'이다.

아이와 영어 놀이를 하며 엄마들이 걱정하는 것은, 아이가 영어에 친숙해지고 실력이 늘긴 하겠지만 엄마의 서툰 발음을 따라 하다가 정작 원어민과 의사소통이 제대로 될까 하는 점이다. '발음 폭탄' 놀이는 이런 엄마들의 걱정을 해결할 수 있는 놀이이다.

이 놀이는 간단하다. 우선 거울을 준비해라. 그리고 아이들이 읽는 쉬운 동화책을 한 권 골라라. 거울을 깨끗이 닦은 후 동화책을 소리 내어 읽어라. 동화책 수준은 유치원 수준이 좋겠다. 아마도 침방울이 튈 것이다. 아직 영어가 익숙하지 않기 때문이다. 단어의 발음이 궁금하다면 사전의 발음 기호를 찾아보면 된다. 발음 기호를 알아보기 어렵다면 전자사전이나 인터넷 상의 온라인 영어 사전으로 원어민 발음을 직접 듣고 익힐 수도 있다. 이렇게 매일 침 폭탄을 터트리다 보면 그 책에 실린 단어들을 마스터할 수 있게 된다. 2주에서 한 달 지나면 다른 책으로 바꿔 보아라. 발음 교정을 해 가며 읽다 보면 어느새 원어민 못지않은 좋은 발음을 구사할 수 있다.

칙칙폭폭 영어 단어 '철자 기차' 놀이

두 번째로 소개할 놀이는 '철자 기차'다.

아마 아이들이 단어의 철자를 갑작스레 물으면 당황할 것이다. 그럴 때를 대비해 '철자 기차'를 만들 수 있다. 먼저 A4용지를 세로로 세워 반으로 접어 자른다. 그런 다음 긴 종이에 영어 단어를 하나씩 적어 본다. 단, 앞 단어의 끝 철자를 다음 단어의 첫 철자로 삼아 기차처럼 꼬리에 꼬리를 물게 한다. 이렇게 말이다.

alphabet — telephone — elephant — toy — yacht

이러다 보면 영어 단어 끝말잇기를 하고 있는 자신을 보게 된다. 그렇게 되면 다음 단어를 찾는 것도 쉽고 엄마에게는 일종의 놀이가 된다. 아이와 영어로 끝말잇기를 할 때 떠올리기 유용할 것이다.

다양한 대답을 연습하는 Q&A 놀이

세 번째로 소개할 놀이는 'Q&A'다.

이 게임은 말 그대로 질문에 답을 하되 짧게 주어 하나와 동사 하나만으로 답을 하는 것이다. 질문은 아이 교과서에서 따올 수도 있고 신문이나 영어책에서 따올 수도 있다.

"How are you today?"

식상하게 "I'm fine, thank you. And you?"라고 하지 말라. 그 말은 대한민국 사람이라면 누구나 할 수 있는 말이다. 질문 하나를 골라 집 안 어디엔가 적어 놓고 일주일간 대답에 변화를 줘라.

"I'm okay."

"I'm sad."

"I'm happy."

별로 어려운 일이 아니다.

또 다른 예를 들겠다.

"What is your name?"

이런 질문을 갖고 놀면 정말 재미있다.

"I'm Min-jung."

"My name is Min-jung Lee."

그런데 이름을 묻는 질문에 어떻게 일주일 동안 변화를 줘 가며 답을 하는가? 이런 경우는 다양한 영어 이름을 배울 수 있는 좋은 기회다. 마음에 드는 영어 이름을 골라 답을 하면 된다.

"I'm Francine."

"I'm Sophie."

"I'm Elizabeth."

이렇게 놀이에 약간의 상상력을 가미하면 된다.

이밖에 다양한 놀이들을 스스로 생각해 내라. 자신의 창의성
을 개발하는 엄마가 아이의 창의력도 잘 키울 수 있다.

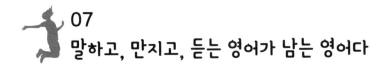

07
말하고, 만지고, 듣는 영어가 남는 영어다

영어를 생각하면 흔히 공부를 먼저 떠올린다. 하지만 영어도 오감으로 체험할 수 있다. 그리고 오감으로 체험한 언어는 잊기 힘들다. 말로도 하고, 만지작거리기도 하고, 듣기도 하는 영어가 진짜 남는 영어다.

나는 영어를 국제학교에서 익혔다. 몬테소리Montessori 유치원부터 시작해 미국 유학 생활까지 했다. 물론 공부도 했지만 나는 자라면서 수많은 영어 놀이들을 경험했다. 그리고 놀이를 통해 익힌 영어는 잊을 수가 없었다.

영어 필기체도 초등학교 4학년 때 영어 놀이를 통해 배웠다. 조그마한 모래 상자에 모래를 담고 고르게 폈다. 그리고 선생님이 내 손을 잡고 모래 위에 필기체를 쓰게 했다. 그런 후 나 혼자 모래 위에 마음껏 연습을 하게 했다. 그렇게 여러 차례 연습하고 에세이도 필기체로 써 보다가 어느새 자연스레 필기체를 익히게 됐다.

놀다 보면 단어가 쑥쑥 Boggle 게임

'Boggle'이라는 게임도 있다. 대학 시절에 영어 교수님들과 이 게임을 해서 이긴 적이 있는데 굉장히 스피디한 게임이다. 한국의 큰 서점에서도 구입할 수 있고 인터넷으로 찾아 주문해도 된다. 'Boggle'은 단어 게임인데 상자를 흔들면 안에 있는 알파벳 글자들의 순서가 뒤섞인다.

이때 타이머를 작동시키고 상하좌우 대각선 방향의 꼬리를 무는 글자들로 단어를 만들면 된다. 단어는 3글자 이상이어야 하고 긴 단어를 만들수록 점수가 높다. 아이들이 영어 단어를 어느 정도 안다면 시도할 만한 게임이다. 복잡한 글자들을 연결해 단어들을 만들다 보면 영어 실력이 어느새 느는 것을 확인할 수 있을 것이다.

부루마블의 원조 Monopoly 게임

내가 해외에서 자라면서 접한 놀이가 여러 가지 있는데 그중 재미있는 보드게임을 하나 소개하고자 한다. 우리나라의 '부루마블'과 비슷한 게임인데 말하자면 '부루마블'의 원조인 셈이다. 게임 이름은 'Monopoly'이고 땅을 사고파는 게임이다. 'Monopoly'는 '독점'이라는 뜻인데, 말 그대로 게임 상의 땅을 독점하는 사람이 이기는 게임이다.

이 게임은 전 세계적으로 잘 팔려서 한국어판으로도 나와 있다

하지만 영어 놀이의 특성상 <u>영어로 된 오리지널 보드를 구입해라.</u> 그래야 영어 실력을 향상시키는 데 도움이 된다. 어떻게 도움이 되는가? 우선 게임을 할 때 영문을 접하게 된다. 글자가 영문이기에 자연스럽게 영어로 말을 하게 된다. 읽는 단어가 영어니 함께 노는 사람들끼리도 자연스럽게 영어를 쓰게 된다. 그리고 시장 용어도 영어로 익히게 된다. 사고파는 것을 영어로 하니 자연스레 영어 숫자도 익힐 수 있다.

온몸이 배배 꼬여 Twister 게임

또 다른 영어 놀이는 'Twister'이라는 게임이다. 빨강 파랑 노랑 초록색의 동그라미가 그려져 있는 매트를 펼쳐 놓고 회전판을 돌려 지시에 따라 온몸으로 하는 놀이다. 하다 보면 절로 몸이 배배 꼬여서 게임 이름이 'Twister'이다.

작은 회전판 중앙에는 시계 침처럼 화살표가 달려 있고 회전판의 왼손, 오른손, 왼발, 오른발 네 구획마다 매트에 있는 것과 같은 색깔들이 표기되어 있다. 회전판의 화살표를 돌려서 나오는 지시 (ex. 오른손 빨강, 왼발 노랑)에 따라 매트 위의 같은 색깔 동그라미에 손발을 짚으면 된다. 손발 이외의 다른 신체부위가 매트에 닿으면 진다. 자세한 설명은 상품에 다 표기되어 있다.

이 게임을 하면 영어 색깔도 익힐 수 있고 왼손, 오른손, 왼발, 오른발 등을 이용해 빠르게 지시에 답하는 스킬을 배울 수도 있다. 게임 규칙이 간단할 뿐만 아니라 온몸을 쓰는 놀이이고 자연스럽게 멤버들 간의 스킨십도 있어 남녀노소 누구나 즐길 수 있다.

이 외에도 선생님과 학생들이 어우러져 수업 시간에 영어 놀이를 즐긴 게 한두 번이 아니었다. 유치원 시절에는 영어 노래를 참 많이도 불렀다.

'The Wheels on the Bus'라는 노래를 손동작을 이용해 부를 때는 그렇게 재미있을 수 없었다. 노래는 새로운 단어와 문장, 그리고 표현력을 향상시키기에 좋다.

요리도 영어 놀이의 한 방식이 될 수 있다. 유치원 시절에는 사람 모양으로 생강과자를 만들며 선생님에게 'Gingerbread Man' 이야기도 듣고 노래도 배우곤 했다. 내가 태국 중학교에서 영어를 가르칠 때는 수업 시간에 아이들과 돼지 불고기를 만들면서 요리 영어를 익히게도 했다. 영어로 요리 방법을 알려 주고 요리를 도와주면 아이들이 그렇게 즐거워할 수 없었다. 요리할 때 쓰는 용어가 따로 있기 때문에 아이들의 영어 실력이 새롭게 발전할 수밖에 없었다.

영어로 요리할 때 쓸 수 있는 레시피Recipe를 하나 소개하고자 한다.

★ Peanut Butter and Jelly Sandwich (땅콩버터와 잼 샌드위치) ★

1. You need 2 slices of bread, peanut butter, and jelly.
   You also need a fork, a knife, and a plate.
   (당신은 빵 두 조각, 땅콩버터, 그리고 잼이 필요하다.
   또한 포크와 칼과 접시가 필요하다.)

2. First, you place 1 piece of bread on a plate.
   (먼저 당신은 한 조각의 빵을 그릇 위에 올려놓는다.)

3. Secondly, you use a fork to spread peanut butter on the bread.
   (둘째, 당신은 포크를 이용해 땅콩버터를 빵에 바른다.)

4. Thirdly, you use the fork to spread jelly on the second
   piece of bread.
   (셋째, 당신은 포크로 두 번째 빵 조각에 잼을 바른다.)

5. Finally, you place the two pieces of bread on top of each
   other and use a knife to cut it in half.
   (마지막으로 당신은 두 개의 빵 조각을 합친 후 칼로 두 조각이 되도록 자른다.)

이렇게 단순한 레시피를 사용해도 새로운 단어가 눈에 많이 띌 것이다. 순서를 가리키는 단어인 **First, Second, Third, Finally**도 눈에 띈다. 문장을 어떻게 변형시키면 명령문이 되는지도 알 수 있다.[1]

---

1. 영어의 문장은 평서문declarative, 의문문interrogative, 감탄문exclamatory, 명령문 imperative 이렇게 4종류가 있는데 레시피에서는 imperative 문장이 쓰인다.

졸라맨을 구해라, 흥미진진 Hangman 게임

철자를 외우기 위해 고안된 여러 가지 게임이 있는데, 그중 'Hangman'이라는 간단한 게임을 여기 소개한다.

문제를 내는 사람을 A, 게임에 응하는 사람을 B라고 하자. 먼저 A가 단어 하나를 마음속으로 생각하고 그 단어의 철자 수를 속으로 센다. 철자 수를 다 센 후 화이트보드에 그 수만큼 밑줄을 친다. 속으로 생각한 단어가 'whitewashed'희게 칠한, 회반죽을 바른라면 글자 수는 11개다. 그러면 보드에 이렇게 표기한다.

_ _ _ _ _ _ _ _ _ _ _

그런 다음 B가 게임에 응하여 빈칸에 들어갈 철자를 추측하여 말한다. B가 철자를 맞히면 A는 빈칸에 적어 넣고, 철자가 틀릴 때마다 한 획씩 졸라맨을 그려 나간다.

만일 B가 처음에 'F'라고 말했다면 'Whitewashed'에는 'F'가 없기 때문에 A는 사람 머리의 상징인 동그라미를 하나 그린다. B가 또 틀리면 A는 몸통, 양팔, 양다리 순으로 졸라맨을 그려 나가면 된다. B가 여섯 번을 틀려 졸라맨이 완성되어 목을 매달게 되면 B가 지는 것이고, 졸라맨이 완성되기 전에 빈칸을 다 채우게 되면 B가 이긴다.

앞에서도 여러 번 말했지만 나는 해외에서 영어로 생활하며 자랐다. 영어 공부에 매달리기보다는 놀이를 통해 배운 영어가 많다

놀이를 통해 내 영어 실력을 향상시킨 생생한 경험이 있기에 여기에 나누는 것이다.

책상머리에 앉아 골 싸매고 달달 외우게만 하지 말고, 오감 만족 영어 놀이로 온몸 구석구석 영어가 배게 해라. 아이들이 즐겁게 놀면서 공부도 되는 놀이들을 함께 해라. 가정의 행복 지수가 올라갈 것이다.

08
성적표가 아닌 영어 행복 지수가
아이의 영어 진단서다

요즘 아이들은 적어도 한 번씩은 영어 학원에 다녀 봤다고 해도 과언이 아니다. 그렇다고 모든 아이들이 영어를 잘 말한다거나 꼭 영어 성적이 높은 것은 아니다.

반드시 공부를 잘해서 성적이 높아야만 유학을 가고 성공하는 가? 그건 아니다. 여기 두 가지 재미있는 사례가 있다. 내가 졸업한 국제학교인 Grace International School에서도 성적 격차가 분명히 있었다. 졸업할 때 GPA평점 4.0 만점에 2.0을 밑도는 아이들도 있었다. 그것도 우리 반 아이들 중에 말이다. 그랬던 친구도 캘리포니아로 유학까지 가서 무사히 졸업하고 잘 살고 있다. 그 친구는 영어 공부를 게을리했고 공부 자체를 좀 멀리했지만, 자기 친구들과 어울려 이야기하는 것을 무척이나 좋아했다. 학교생활을 즐길 줄 아는 친구로 행복 지수가 매우 높아 보였다. 그는 비록 성적은 엉망이었지만 영어를 잘 구사했다. 서양 친구들과 어울리는 데도 막힘이 없었다. 성격이 좋아 친구들에게도 사랑받았다.

　나랑 친했던 또 다른 아이가 있었다. 고려대학교에 합격할 정도로 성적이 좋았는데 영어는 그리 잘하지 못했다. 성적이 4.0 만점에 4.0이 넘었던 아이인데(미국 학교에서는 AP과목이라는 대학 수업을 들으면 점수가 만점을 넘을 수 있다) 말을 할 때 꼭 생각을 하고 말하고 문법이 틀리지 않으려고 애를 쓰는 듯이 보였다.

　두 친구들 중 내가 보기에는 캘리포니아로 갔던 친구가 영어를 더 자유자재로 구사했다. 행복 지수도 더 높았다. 그는 시험 스트레스 한번 받은 일이 없을 정도로 긍정적이고 인기가 많던 친구였다. 그런데 성적이 최상위였던 친구는 오히려 국내 SKY 대학에 그친 반면, 비록 성적은 낮았지만 영어를 잘 구사하고 행복 지수가 높았던 친구는 미국 4년제 대학까지 마치고 행복하게 잘 살고 있다.

　위의 두 사례를 보고 뭐가 느껴지는가?

　많은 부모들이 아이들에게 영어 공부를 강요하는 이유는 하나다. 나중에 아이가 커서 독립했을 때 잘살 수 있기를 바라는 마음에서 그러는 것이다. 요즘은 영어가 기본 스펙이기도 하지만 영어 하나 잘하면 잘살 수 있기 때문이다. 그런데 방법이 틀렸다. 영어로 의사소통을 잘하는 아이로 키우는 게 아니라, 시험 점수만 잘받아 오면 영어를 잘하는 걸로 생각한다. 성적이 좋다고 영어를 잘 구사하는 것은 아니다. 영어 점수와 영어 실력은 별개다.

영어 하나만 잘해도 인생이 바뀐다. 하지만 꼭 공부를 잘해야만 영어를 잘하는 것은 아니다. 공부는 별로였어도 영어로 농담도 잘하고 친구들과 잘 어울리던 친구는 결국 미국 대학을 졸업했다. 영어 학원만 해도 국내 SKY 대학교 출신보다 미국 대학 영어 관련 학과 출신 강사들을 선호한다. 대기업들도 마찬가지다. 아직도 유학파가 위력이 있기 때문이다.

그런데도 아이들을 수능 영어 학원으로만 내몰아야겠는가? 이제 아이들도 놀 수 있어야 하고 또 놀 줄 알아야 한다. 시험 맞춤형 교육보다는 창의성을 기르는 놀이들을 통해 미래를 준비하는 지혜가 필요할 때다.

여기에 이제 막 영어 학원이 재미가 없게 느껴지고 공부 스트레스를 받기 시작할 나이인 13세 아이들을 위한 놀이 지침서를 제시하겠다.

연극 놀이

13세면 미국 학교에서는 이제 막 셰익스피어를 배울 때다. 이때 셰익스피어의 작품들 중에서 그 나이 아이들 수준에 잘 어울리는 '로미오와 줄리엣'을 구입하라. Penguin 출판사에서 나온 것이 가장 보편적이다.

아이들에게 각 파트를 나눠 주고 읽기 연습을 하게 한다. 아이가 한 명뿐이면 가족들이 역할극에 참여하면 된다. 만약 사람 수가 모자라면 한 사람이 여러 역할을 하되 목소리에 변화를 주면 된다. 장난감 칼이나 망토 등 조그마한 소품을 준비하는 것이 재미를 더할 것이다.

한국어로 된 '로미오와 줄리엣'을 먼저 읽어 보고 <u>영어 연극 놀이를 하라.</u> 미국 학교에서 많이 사용하는 교육 방식이다. 읽기 어려운 단어는 밑줄을 쳐서 온라인 사전을 참고해라. 하루에 2-3쪽 정도 읽다 보면 재미가 붙을 것이다.

캐릭터 몰입 놀이

앞서 말한 '로미오와 줄리엣' 연극 놀이를 몇 번 하고 나면 아이와 상의하여 극중 캐릭터를 하나 정하라. 그리고 아이보고 자신이 그 캐릭터가 되어 일기를 쓰게 한다.

여기에 예가 있다. 나는 줄리엣이라는 캐릭터에 몰입한다.

오늘은 참 이상한 하루였다. 로미오라는 남자를 만났는데 왠지 마음이 두근거린다. 그가 어디서 왔고 지금 무엇을 하며 과연 진심으로 내게 관심이 있는 것인지 궁금하다. 그는 내가 아름답다고 한다. 과연 나는 그에게 어떤 존재인가? 너무나도 궁금하다. 나는 아직 십 대, 사랑을 하기엔 너무 어린 나이가 아닐까? 그런데 그를 생각하면 마음이 너무 싱숭생숭하다.

위의 예처럼 우선 한국말로 편안하게 일기 형식으로 생각을 적는다. 그리고 며칠의 여유를 두고 번역을 한다. 학원 선생님이나 영어를 잘하는 지인에게 편집을 부탁해도 된다. 하지만 번역 자체는 스스로 하도록 한다. 사전을 사용하는 것이 좋다. 이왕이면 한국어도 간단명료하게 적어 번역이 어렵지 않게 한다.

여기 번역본이 있다.

> Today was a strange day. I met a man called Romeo and my heart is pounding. I don't know where he is from, what he is up to now, and whether he is sincerely interested in me or not. He tells me I'm beautiful. Yet who am I to him? I'm very curious. I'm just a teenager, so aren't I too young to love? But when I think of him, my heart is restless.

번역이 완성되면 연극에 썼던 의상으로 갈아입고 가족들 앞에서 프레젠테이션을 하게 한다. 마치 자신이 줄리엣인 듯 말이다. 가족들은 재미있게 들어 주고 칭찬을 많이 해 줘라. 상으로 용돈을 주거나 외식을 해도 좋다. 그만큼 어렵기도 하고 아이가 많이 애를 쓴 놀이이기 때문이다.

연예인 놀이

아이들이 가장 좋아할 만한 놀이다. 이번에는 '로미오와 줄리엣' 중의 한 장면을 외워서 영화를 촬영하는 놀이다. 반 페이지 정도 되는 분량을 친구나 가족과 함께 외운다. 그리고 분장하고 의상을 입고 소품을 준비한다. 촬영은 카메라나 핸드폰으로도 가능하다. 이렇게 실제로 영화를 찍으며 놀면 마음가짐도 달라지고 대사를 말하며 감정 표현을 연습할 수도 있다. 또 자료가 남기 때문에 나중에 실력이 얼마나 늘었는지 확인할 수도 있다.

앞서 나는 13살 아이들이 할 수 있는 여러 가지 영어 놀이를 밝혔다. 놀이로 아이들의 창의력을 살려 줘라. 아이들의 행복 지수를 높여라. 이렇게 놀이로 영어를 익히다 보면 공부라는 부담감 없이도 공부 이상의 효과를 거둘 수 있다. 이렇게 자란 아이들은 가정이라는 훌륭한 학교를 졸업한 후 월등히 뛰어난 사회인이 될 수 있을 것이다.

인생의 차이를 만드는
영어 놀이법

영어는
놀이다

CHAPTER 4

영어 놀이가
곧 영어 성공
의 길이다

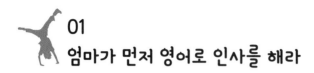

01
엄마가 먼저 영어로 인사를 해라

　흔히 아이들은 엄마가 만능인인 줄 안다. 엄마란 아플 때도 행복할 때도 항상 곁에 있어 주는 존재다. 그런 엄마가 영어 숙제만 내밀면 까막눈이 된다. 아쉽다. 참 아쉬운 일이다. 엄마가 든든한 응원군이 되어 주면 아이들도 자신감 있게 성장할 텐데 말이다. 영어 숙제를 도와주고 싶어도 영어 실력이 따라 주지 않으니 엄마로서의 이미지가 말이 아니다.

　이런 영어 초보 엄마에게 영어 놀이란 해 주고 싶어도 뛰어넘을 수 없는 장벽으로 느껴질 수밖에 없다. 하지만 괜찮다. 영어를 못하고 초보 실력밖에 안 되어도 아이들과 함께 영어 놀이를 즐길 수 있다.

　영어에 대한 자신감이 없는 초보 엄마들을 위한 영어 놀이법을 여기 제시한다.

★ 초보 엄마를 위한 영어 놀이법 ★

1. 엄마도 아이의 놀이에 꼭 참여한다.
   아이가 놀 때 곁눈질만 하지 말고 놀이를 함께한다.

2. 엄마도 아이가 학습하는 단어, 문장, 문법을 외운다.
   아이의 수준에 뒤떨어지지 않게 매일 새로운 학습에 도전한다.

3. 적극적으로 자료 수집에 나선다.
   새로운 영어 놀이법을 찾으러 서점에 자주 가는 엄마가 아름다운 엄마다.

4. 단순한 영어 단어밖에 모른다 해도 반복적으로 자주 표현한다.
   혹여 인사말밖에 몰라도 자꾸 입 밖에 내다 보면 어느새 자신감이 붙게 된다.

5. 처음에는 발음에 개의치 않는다.
   계속 영어 놀이를 즐기다 보면 발음도 좋아질 수밖에 없다.

위에 제시한 초보 엄마 영어 놀이법을 따르다 보면 어느새 이런저런 영어 놀이들을 통해 성장해 있는 자신을 발견하게 될 것이다.

나는 TESOL 자격증을 보유하고 있다. TESOL 과정을 밟다 보면 TPR Total Physical Response라는 언어 학습 이론을 접하게 된다. 언어

학자이자 심리학자인 미국의 제임스 애셔 교수가 발명한 교육법인데, 이 이론에 따르면 신체적 놀이를 통해 언어를 습득할 수 있다. 즉, 단순 암기식 학습이 아니라 놀이를 통해 원하는 언어Target language를 가르치는 것이다.

애셔 교수가 아이들을 관찰하며 알게 된 것이 있는데, 바로 아이가 언어를 처음 습득할 때는 수많은 동작이 동반된다는 것이다. 따라서 TPR 교육법에서는 포스터, 게임, 노래 등 몸동작을 수반하는 다양한 활동을 통해 아이들을 타겟 언어에 노출시킨다. 타겟 언어로 계속 말을 걸며 다양하게 아이들의 신체적 반응을 유도한다. 학습을 통해 지식 체계를 구축하는 것이 아니라 얼굴 표정과 몸동작을 통해 언어를 직관적으로 이해하게 이끄는 것이다. 타겟 언어가 영어라면 자연스레 영어 놀이가 따른다.

영어 놀이는 그냥 시간 때우기 게임이 아니다. 아이들의 미래가 걸려 있는 효과 만점 교육 방법이다. 그렇기에 영어 놀이가 곧 길이요, 진리요, 생명이다. 제대로 놀며 원하는 효과를 얻을 수 있도록 영어 놀이 지도사라는 자격증도 있다. 가정에서 아이들과 영어로 놀아 주는 데 이 자격증이 꼭 필요한 것은 아니지만, 이 책에서 소개하는 게임들보다 더 많은 자료를 원한다면 영어 놀이 지도사 자격증을 딸 것을 추천한다. 어린이 영어 지도사라는 자격증도 있는데, 영어를 조금 하긴 하지만 아이와 함께 영어로 놀 줄은 모르는 엄마에게 알맞다고 생각한다. 온라인으로 하는 공부이기 때문에 집안일 하는 주부라도 시간을 내서 할 수 있다.

영어 놀이를 하려면 우선 엄마가 공부를 해야 한다. 아이와 제대로 재미있게 영어로 놀기 위해서는 엄마가 영어 공부에 몰입해야 한다. 우선 아이들의 수준에 맞춰 문법을 익혀야 한다. 단, 엄마의 공부는 영어 놀이를 잘하기 위한 공부임을 명심하라. 엄마가 귀찮더라도 조금만 열심을 내면 내 아이의 평생이 달라질 수 있다.

아이가 초등학교 1학년이라면 그 나이에 맞는 영어 교재들이 서점에 나와 있다. 이런 교재들을 몇 권 구입해서 먼저 예습을 해라. 그렇게 아이들의 발달 과정에 맞춰 나아가라. 필히 유의할 점은, 내가 공부를 통해 영어를 배웠다고 해서 아이들에게도 똑같은 공부법을 강요하지 말라. 엄마가 영어 공부를 한 것은 영어 놀이로 아이의 창의성을 길러 주기 위함이지, 아이에게까지 공부를 강요하여 창의성을 죽이고자 함이 아니다. 아이들의 창의성을 밟아 버리지 않는 것이 아이들을 사랑하는 태도다.

영어 동화를 읽어 주고 싶거든 엄마 혼자 먼저 읽어 보고 모르는 단어들을 공부해서 아이들에게는 영어 구연을 해 줘라. 표정과 억양과 동작이 동반되기에 아이가 더 재미있게 받아들이고 더 잘 이해할 수 있다. 문법을 가르쳐야 된다면 아이와 'Detective Q'라는 게임을 하기에 앞서 엄마가 먼저 그 게임의 전문가가 되어라. 엄마가 한발 앞서 조금만 열심을 내면 아이들도 금방 따라올 것이다.

영어 놀이가 한국 사람들에게는 생소할 수밖에 없다. 어른들 중에서 영어를 놀이로 재미있게 배운 사람들이 몇 안 되기 때문이다. 하지만 아이들을 생각하는 마음으로 '나는 나이가 많아 놀이가 아닌 공부를 해야 되지만 내 아이들은 즐겁게 효율적으로 가르쳐야겠다'고 결심해라.

영어 놀이의 정석을 몇 가지 소개하고자 한다.

영어 교육 전문 보드게임들

영어 보드게임은 정말 다양하다. 살인 사건의 범인을 찾아내는 'Clue'부터 상대방의 배를 침몰시키는 'Battleship'까지 종류가 많다. 하지만 영어로 된 보드게임이라고 해서 놀면서 꼭 영어를 사용하게 되는 것은 아니다. 따라서 영어 교육을 목적으로 하는 보드게임이 필요하다.

'Word Up'이라는 보드게임은 영어 교육 전문 게임이다. 단어부터 문법까지를 망라하는 유용한 게임인 'Word Up'을 사용한다면 아이들이 정말 재미있게 놀면서 공부할 수 있을 것이다. 이 보드게임은 여러 레벨이 있어서 아이들이 아직 초보라면 낮은 레벨을 선택할 수 있다. 보드게임을 할 수 있는 나이라면 누구나 즐길 수 있다.

이외에도 13세 아이라면 도전해 볼 만한 'Word on the Street'라는 게임도 있다. 천재들의 그룹 멘사MENSA에서도 인정한 두뇌 게임이다.

내 맘대로 스토리 Mad Libs

'Mad Libs'는 미국 교실에 자주 등장하는 스토리 놀이다. 집에서 직접 만들어서 놀 수도 있는데 미국 서점에서 판매한다. 한 페이지마다 하나의 스토리가 있는 책이다. 테마별로 구입할 수 있다. 이야기 속의 문장마다 빈칸으로 남겨져 있는 단어를 상상력을 동원해 마음대로 채워 넣으면 된다. 단 빈칸에 넣을 단어가 동사인지 명사인지 형용사인지 표기가 되어 있다. 엉뚱한 단어로 문장을 만들수록 재미있다.

노는 방법은 간단하다. 한 사람이 "형용사, 동사" 또는 "동사, 명사" 이런 식으로 빈칸에 들어갈 단어의 품사를 순서대로 부르면, 다른 사람들이 의논을 해서 채워 넣을 단어를 정하면 된다. 빈칸이 남김없이 채워지면 완성된 이야기를 소리 내어 읽는다. 상상력을 발휘하여 재미있는 단어들을 채워 넣을 수 있기 때문에 때로는 황당한 스토리가 만들어져 색다른 재미를 줄 것이다.

사진에서 단어를, 단어로 스토리를, 스토리텔링

우선 A4 사이즈 사진 몇 장을 프린트하거나 잡지에서 오려라. 그리고 그림 위에 포스트잇을 붙여 놓고, 알고 있는 영어 단어들을 기억해 내어 형용사와 명사를 써라.

예를 들어, 해변에 사람들이 놀고 있는 그림이라면 포스트잇에 이렇게 적을 수 있을 것이다.

Beach, Hot, Sand, Bikini, Swimming, Fun

다 썼으면 단어들을 보며 말로 그림을 설명해라.

"There are many people on the beach. The beach looks hot. The sand is golden. The women are wearing bikinis. I want to go swimming in the sea. It looks fun."
(해변에는 많은 사람들이 있다. 해변이 뜨거워 보인다. 모래는 금색이다. 여자들은 비키니를 입고 있다. 나는 바다에서 수영을 하고 싶다. 재미있을 것 같다.)

위에서 소개한 TESOL 교실의 기본적인 놀이들을 자주 하다 보면 내 아이가 영어 실력이 느는 것을 볼 수 있을 것이다.

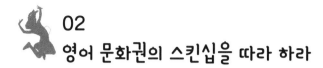

02
영어 문화권의 스킨십을 따라 하라

미드미국 드라마를 처음 보는 사람들은 문화적 충격을 받는다. 미국 사람들은 우리에 비해 스킨십이 과한 편이기 때문이다. 친한 친구들끼리 껴안고 인사를 하는 것은 물론, 가끔씩 볼에 키스까지 한다.

유학생들이 처음에 제일 어설퍼하는 것이 스킨십이 많은 서양 친구들과 어울리는 것이다. 그들은 처음 만난 학생들끼리 일명 '허그Hug'를 하고 손을 잡는다. 악수도 자주 하는데 우리나라 문화와는 차이가 좀 있다. 어깨동무도 자주 한다. 그중에서도 유독 눈에 띄는 것은 '허그'다. 남녀 간에도 가슴 사이에 약간 간격을 둔 채 스스럼없이 껴안기 때문에 우리나라 사람들이 볼 땐 문화적 충격이 클 수밖에 없다.

이런 문화의 벽도 꼭 조기 유학을 보내야만 깰 수 있는 것은 아니다. 가정에서 아이들을 잘 양육하면 문화적 충격도 덜 받고 심리적으로도 건강하게 자랄 수 있다. 집에서 아빠나 엄마가 아이들과 잦은 스킨십을 해 주면 아이들이 서양 아이들과 잘 어울릴 수 있을뿐더러 육체와 정신이 건강해진다.

어떤 사람들은 가정에서의 스킨십이 뭐 그리 중요하냐고 한다. 하지만 이런 사람들은 스킨십의 힘을 몰라서 그러는 것이다. 처음 태어났을 때 아이의 뇌 크기는 어른의 20%다. 이렇게 작은 뇌가 잘 성장하기 위해서는 건강한 자극이 필요하다. 피부에 긍정적인 자극을 주면 줄수록 뇌 성장이 촉진되고 아이가 건강해진다. 피부는 제2의 뇌라고 불릴 만큼 예민하기 때문이다. 아이는 태어나서 1년 동안 뇌의 50%가 자란다. 그러나 스킨십을 덜 해 주면 또래 아이들에 비해 발달이 20-30%가량 늦어질 수 있다. 특히 급속 성장기이자 모든 것을 부모에게 의지하는 생후 3년 동안 스킨십을 잘 해 줘야 아이가 건강하고 똑똑하게 자란다. 아이와의 스킨십을 통해 우리 아이를 똑똑한 아이로 키울 수 있다는 말이다.

아이들의 EQ감수성 발달도 스킨십에 달려 있다. 생후부터 2살까지 EQ를 주관하는 우뇌가 계속 발달을 하는데 스킨십을 통해 감수성과 공감 능력, 정서적 안정, 자기 존중 심지어 음악성까지 키워줄 수 있다. 특히 아이들이 영어를 하는 데 꼭 필요한 요소가 자신감인데, 어렸을 때부터 부모와 건강한 신체 접촉을 가진 아이들은 자신감이 충만하다. 자신이 사랑받고 있는 존재라고 느끼기 때문이다. 또 언어는 기본적으로 정보의 전달 수단이기도 하지만 자신의 감정을 표현하고 타인의 감정을 이해하는 매체이므로 EQ

가 높은 사람이 대체로 언어 능력이 뛰어난 것은 당연한 일이다.

사회성 지수SQ를 발달시키는 데도 스킨십만 한 것이 없다. 센트럴 런던 대학의 심리학 연구팀이 발표한 연구 결과에 따르면, 어렸을 때부터 목욕이나 놀이 등으로 부모와 신체 접촉이 잦은 아이는 커서 대인 관계가 원만하다. 부모와의 스킨십을 통해 어려서부터 자연스럽게 사회성을 터득할 수 있었기 때문이다. 반면 어렸을 때 부모와의 스킨십이 부족했던 아이들은 자라서 대인 관계가 좋지 못한 사례가 많았다. 이러한 연구 결과는 아기가 태어나 처음 접하는 사회인 가족 간의 스킨십이 아이의 사회성 발달에 얼마나 중요한지를 잘 보여 준다.

스킨십의 긍정적 효과에 관한 연구는 너무나도 많다. 연구 사례를 좀 더 살펴보자.

쥐를 대상으로 한 실험에서 새끼 쥐 한 마리를 스킨십 없이 방치해 뒀더니 몸무게가 또래들보다 적게 나갔다. 또 다른 새끼 쥐에게는 매일 일정한 시간 동안 스킨십을 허용했더니 몸무게가 더 나갔다. 이처럼 스킨십을 통해 촉각을 자극하는 것이 성장과 발육에 매우 중요하다.

미국의 심리학 교수 해리 할로우Harry Harlow는 행동 심리학 실험에서 새끼 원숭이 한 마리를 다른 원숭이들로부터 분리시켰다. 그 새끼 원숭이는 다른 원숭이들의 냄새를 맡고, 소리를 듣고, 모습을 볼 수는 있었다. 그런데 신체 접촉은 하지 못하게 했다. 그랬더니 그 원숭이는 스트레스를 받고 불안정한 정서를 가지게 되었다. 실험 결과가 보여 주듯이 스킨십은 스트레스 해소에도 큰 도움이 된다. 스킨십 자체가 위로가 된다. 스킨십만으로도 몸속의 스트레스 호르몬이 줄기 때문이다. 또 다른 실험에서 그는 새끼 원숭이들을 어미에게서 분리시켜 각각 헝겊과 철사로 만들어진 두 개의 엄마 모형과 함께 지내게 했다. 두 개의 가짜 엄마 모두에게서 젖이 공급되었지만 새끼들은 헝겊 엄마에게만 붙어 있으려 했다. 심지어 헝겊 엄마의 젖을 차단하고 철사 엄마에게서만 젖이 나오게 했을 때에도, 새끼들은 젖만 먹고 바로 헝겊 엄마에게로 돌아갔다. 헝겊이 주는 부드러운 촉감이 안정감을 주고 애착을 형성했던 것이다. 생존을 위해 먹는 것이 중요하지만 어떤 면에서 스킨십은 영양보다 더 중요하다. 영양이 생물학적 배고픔을 충족시킨다면, 스킨십은 정신적인 배고픔을 채워 주는 것이다.

오스트리아 출신의 미국인 정신 의학자 르네 스피츠Ren Spitz 박사는 1940년대에 버려진 아기들을 돌보는 고아원을 운영했다. 청결한 환경과 영양이 풍부한 식사를 제공하고, 위생을 위해 보육자들과 아기들의 접촉은 최소한으로 제한했다. 그런데도 아기들이 시름시름 앓거나 정상적인 발육을 못하다가 3분의 1 이상이 2세 이전에 사망했다. 생존한 아이들도 체중이 줄고 움직이지 않으며 표정마저 사라지는 모습이 관찰되었다. 그러던 어느 날 스피츠 박사는 남미의 한 고아원을 방문하게 되었다. 그곳의 환경은 열악했고 식사는 말할 것도 없었지만 놀랍게도 이상 행동이나 결핍 증상을 보이는 아기가 하나도 없었다. 알고 보니 동네 여자들이 자주 고아원에 들러 아기들에게 노래나 이야기를 들려주었고 아기들을 많이 안아 주었던 것이다. 이를 지켜본 스피츠 박사는 여행에서 돌아오자마자 당장 자신이 운영하는 고아원의 체계를 바꿨다. 아기 8명당 1명이었던 보모의 수를 4명당 1명으로 늘리고 아기들을 자주 안아 주게 했다. 그랬더니 아기들이 건강하게 자랐다. 아기들의 성장과 건강에 더 큰 기여를 한 것은 완벽한 환경이 아니라, 살과 살이 맞닿는 '접촉'이었던 것이다. 이처럼 스킨십은 생존을 좌우할 수도 있을 만큼 중요하다.

위에서 살펴본 것처럼 스킨십은 신체 발달과 건강뿐만 아니라, 지능IQ, 감성EQ, 사회성SQ의 발달과 정신적 안정, 스트레스 해소에도 매우 중요한 역할을 한다. 그런데 안타깝게도 아시아 국가들에서는 스킨십을 극히 제한적으로 한다. 스킨십이 아이들의 성장과 발달에 꼭 필요한 요소인데도 우리나라 사람들, 특히 수많은 아빠들은 아이들에게 애정 표현을 잘 하지 않는다. 반면, 문화적 특성상 미국 아이들은 스킨십을 많이 하며 자란다. 게다가 스킨십을 많이 요하는 운동도 자주 한다. 그래서인지 미국인들은 사회성이 좋기로 유명하다. 대개 외향적이고 타인에게 호의적이다.

내 아이를 몸과 마음이 건강한 아이로 자라게 하고 싶은가? 내 아이가 영어를 잘하게 하고 싶은가? 서양 사람들과도 스스럼없이 어울리게 하고 싶은가? 그럼 먼저 건강한 가정 환경을 조성해라. 아이들을 변하게 하고 싶으면 아빠, 엄마부터 변해야 한다. 아니, 변해야 산다. 아이들을 자주 안아 주고 토닥거려 줘라. 영어 공부나 놀이를 시키기 전에 한 번씩 따뜻하게 안아 줘라. 우리 아이의 감성이 풍부해지고 언어 실력이 향상될 것이다. 아이의 균형 잡힌 성장을 위해, 또 아이가 21세기 글로벌 시대에 잘 적응할 수 있도록, 사랑하는 내 아이와 건강한 스킨십을 자주 나누도록 하자.

★ 스킨십에 관하여 몇 가지 주의할 점 ★

1. 미국인들은 신생아를 아기 침대에 따로 재운다. 심지어 아기 방을 따로 두기도 한다. 이런 문화는 아이와의 잦은 스킨십을 단절시키므로 따라 하지 않는 것이 좋다.

2. 사춘기가 막 시작되는 13세에는 아이가 예민할 수밖에 없다. 아빠가 딸에게 '허그'를 해 주는 경우 가슴 부분이 밀착되지 않게 유의하는 것이 좋다. 그렇다고 딸을 멀리하지는 마라. 사람은 누구나 모든 연령대에 나름의 스킨십을 필요로 한다.

3. 미국 아이들은 동성끼리는 잘 손을 잡지 않는다. 우리나라 아이들은 어렸을 때부터 주로 여자 아이들끼리 손잡고 놀지만, 미국 아이들은 그러면 동성애 관계(레즈비언, 여성 동성애자)로 오해한다.. 서양 문화권에서 생활할 때 유의할 일이다.

03
언어를 문화와 예절과 함께 가르쳐라

영어를 술술 말할 줄 아는 사람들은 이 세상에 많다. 특히 영문화권 나라에 가면 그런 사람들이 널려 있다. 미국에서는 거지도 영어로 말하지 한국어를 쓰지 않는다.

하지만 같은 영어에도 퀄리티Quality의 차이가 있다. 학식 높은 영어를 구사하는 대학 교수와 길거리의 욕을 하는 부랑자를 비교해 본다면 언어에도 나름의 격이 있다는 것을 느낄 것이다.

그렇다면 아이들을 영어에 노출시킬 때 어떻게 해야 하는가? 영어를 문화와 예절과 함께 가르쳐라.

한 가지 예를 보자.

세계적 선진국인 독일의 교육 시스템은 느리기로 유명하다. 우리나라 학생들이 학교 공부를 예습, 복습하는 것으로도 모자라 학원까지 다니는 것과는 한참 거리가 멀다. 초등학교에서 1년 동안 알파벳을 익힌다. 구구단도 외우지 않고 배운다. 선행 학습도 금지되어 있다. 세계 2차 대전까지만 해도 독일에서 선행 학습은 기본이었다. 우리나라 저리 가라 할 만큼 교육에 대한 관심도가 높았다. 그런데 전쟁 후 독일 사람들이 깨달은 바가 있었다. 경쟁심보다 안전이 우선이라는 것이다. 그래서 독일 학교에서는 경쟁심을 부추기지 않는다.

이런 바뀐 교육 문화를 보면서 느끼는 바가 있지 않은가? 공부만 잘한다고 사람이 되는 것이 아니다. 매너가 있어야 한다. 깊이가 있어야 한다. 그래야 건강한 사회인으로 성공한다.

또 다른 예가 있다.

국내 최대 기업 중의 하나인 포스코POSCO는 건강한 회사 문화를 자랑한다. 신입 사원을 뽑을 때 지원자들의 봉사 활동 내용과 시간도 살펴본다. 또한 친환경적인 신재생에너지 사업도 영위한다. 메르스MERS 등 전염병 대처 방법으로 자진 신고제를 시행하며 병가를 내도 월급을 지급한다. 양심적인 기업이라 할 수 있다. 이렇듯 포스코에는 타인을 배려하는 회사 문화가 자리 잡았다.

현대 사회에서는 포스코만이 아니라 많은 선진 기업들이 전인적인 인재Holistic talent를 구한다. 인간 됨됨이를 실력과 더불어 본다는 것이다. 또 문화에 맞는 예절을 알고 있는지가 사원 채용에 중요한 요소로 작용한다. 예를 들어 회사에서 동시통역사를 채용하려는데, 영어가 유창하긴 하지만 간간이 미국 은어Slang를 섞어 쓰는 사람을 뽑지는 않을 것이다. 때에 맞게 언어를 구사할 수 있는 것도 능력이다.

이참에 서양의 문화 코드와 매너를 알려 주겠다.

1. 인사

평소 아는 지인들과는 '허그Hug'를 주로 한다. 흑인들은 더 격하게 감정 표현을 하는 문화가 있다. 영화에 많이 등장하는 단어들인 "Yo!"나 "Wassup?""What's up?"의 줄임말로, 어떻게 지내냐는 표현은 사적인 자리에서 많이 쓴다. 하지만 면접관과 껴안는 일은 없다고 보면 된다. 미국 사람들도 사적인 자리와 공적인 자리를 구분하는 데 엄격하다.

2. 식사

식사할 때 되도록 나이프와 포크가 그릇에 긁히는 소리를 내지 않도록 한다. 조용조용히 먹는 것이 예의다. 식사 도중 대화를 나눈다면 입 안에 있는 음식을 다 삼킨 후에 말을 한다. 식사 도중 실수로 트림을 했다면 공손하게 "Excuse me.실례합니다."라고 한다. 식사 도중 방귀를 뀌는 일이 없도록 조심한다.

3. 영화

미국 영화관은 특이한 점이 한 가지 있다. 바로 자리 예약을 하지 않는 것이다. 티켓 구입 후 좋은 자리에 앉고 싶다면 빨리 가는 것이 필수다. 앞자리에 다리를 올리지 않도록 주의하고, 혹여 다른 사람이 영화관에서 큰 소리로 떠들거나, 다리를 올려놓거나, 과하게 사적인 스킨십을 하는 등 실례가 되는 행동을 하면, 먼저 "Excuse me."라고 말문을 열고 자제를 요청하도록 한다.

4. 방문

미국 가정집을 방문할 경우 주인이 직접 부탁하지 않는 이상 신발을 벗지 않는다. 대신 신발이 더러울 경우 양해를 구하고 슬리퍼로 갈아 신어도 된다. 그리고 침실을 들여다보지 않도록 주의한다. 미국 사람들은 프라이버시Privacy를 굉장히 중요하게 여긴다. 실수로 방문을 열었을 경우, "Oops, I'm sorry."라고 사과한다. "Oops"는 실수를 했을 때 내는 감탄사다.

미국 사람들은 바닥 생활이 아닌 소파와 의자 생활을 한다. 애완동물을 많이 키우는데 바닥에는 먼지와 털이 많을 수도 있으니 되도록 소파에 앉는다. 화장실을 사용하고 싶을 때는 "May I use the restroom?"이라고 한다. "May I use the toilet?"이라고 해도 되긴 하지만 'toilet'는 변기를 뜻하기 때문에 예의가 없는 표현이다. 영국식 영어와 표현 방법이 다르다.

5. 데이트

미국식 데이트는 흥미롭다. 스킨십 진도가 빨리 나가는 것으로 유명하니 몸조심하는 것이 좋다. 데이트 비용을 누가 내는지도 때에 따라 다르다. 보통 처음 하는 데이트에서는 남자가 비용을 부담한다. 하지만 자주 만나는 사이에서는 여자가 내기도 한다. 각자 따로 내는 비용을 'Dutch pay더치페이'라고 하니 미리 물어보는 것도 좋다.

데이트 신청을 'asking out on a date'라고 하는데 이 문구를 알아 두면 데이트 신청을 받거나 할 때 유용하다. 아이들이 아직 어리더라도 앞으로 성인이 되었을 때 알고 있으면 좋을 매너와 문화를 미리 알려 주는 것도 좋다.

6. 교회

미국 교회는 나라 크기만큼이나 문화가 다양하다. 격식이 많은 교회가 있는 반면 컨테이너 박스에 클럽처럼 어두컴컴하게 꾸미고 예배를 드리는 곳도 있다. 미국 사람들은 'Sunday best'라고 해서 주일만큼은 제일 좋은 옷으로 차려 입는다.

7. 학교

미국 학교만큼 재미있는 곳도 없다. 아이들의 표현에 의하면 약육강식의 법칙이 살아 있는 곳이다. 이런 곳에서 내 아이가 따돌림이나 괴롭힘을 당하지 않고 잘 적응하기를 원한다면 알아 둬야 할 몇 가지 상식이 있다.

사립학교가 아니면 교복을 입는 곳이 없다. 따라서 아이들은 외모에 신경을 많이 쓴다. 만일 한국에서처럼 외모는 다 커서나 가꾸는 것이라고 가르친다면 아이들이 따돌림을 당할 가능성이 높다. 성적 대상으로 낙인찍힐 정도로 야한 수준이 아니라면 세련되게 입게 놔두는 것이 좋다.

선생님을 부를 때는 성 앞에 "Mr."나 "Miss", "Mrs." 또는 "Ms."를 붙인다. 간혹 한국식으로 선생님 성함 앞에 "Teacher"을 붙이는 아이들이 있는데 웃음거리가 되기 딱 좋은 말투다.

위에서 몇 가지 살펴본 것 이외에도 재미있는 문화 요소들이 많이 있다. 영어만 잘 쏼라쏼라거린다고 영어 문화권에 잘 적응하거나 취직이 잘 되는 것은 아니다. 사회생활을 국제적으로 하려면 영어를 잘하는 것뿐만 아니라 영어 문화권의 문화와 예절을 배워 두는 것이 유용하다. 이렇게 많은 문화적 요소들을 어떻게 외우냐고? 낙심하지 말라. 아이들이 어릴 때부터 미국 영화나 드라마를 보면서 자란다면 자연스럽게 습득할 수 있을 것이다.

04
영어는 벌이 아니다, 놀며 배워라

"공부나 해!"

"숙제 안 하고 뭐 하는 거야!"

"엄마가 숙제 먼저 다 끝내 놓으라 그랬지!"

"공부부터 하고 놀아!"

일반 가정집에서 자주 들을 수 있는 말들이다. 그만큼 공부는 아이들에게 스트레스이자 하기 싫은 일이다. 영어 숙제는 말할 것도 없다. 영어 좋아하는 아이들이 가끔씩 있긴 하지만 대부분의 아이들은 공부라면 질색이다.

그런데 엄마가 시간을 정해 놓고 아이와 영어로 놀아 주면 어떨까? 아마 아이들이 천지개벽한 줄 알 것이다. 아이들에게 하기 싫은 일을 억지로 시키기보다는 함께 즐겁게 언어를 익힐 수 있는 방안을 찾아보아라. 물론 부모가 나쁜 의도로 아이들을 괴롭히는 게 아니라는 것은 안다. 하지만 싫어하는 공부를 억지로 하게 하는 것보다는 공부가 좋아질 수 있도록 놀아 주는 게 모든 면에서 훨씬 더 낫다.

영어는 벌이 아니다. 아이들을 고문하고자 만들어진 언어가 아니다. 영어는 커뮤니케이션을 원활하게 하기 위해 배우는 국제적 언어이자 힘 있는 언어다. 이런 생활력 있는 언어를 아이가 자유자재로 사용하게 하고픈 것이 부모의 마음이다. 그렇다면 방법을 바꿔 보아라.

영어 공부를 즐겁게 하려면 일단 실력이 뒷받침되어야 한다. 그리고 먼저 영어를 공부하고픈 마음이 생겨야 한다. 그런데 대부분의 아이들은 영어 공부의 세계에 그냥 내동댕이쳐진다. 가정에서 아무런 준비도 시키지 않고는 아이들이 만점을 받아 오기를 바란다. 이 무슨 당치 않은 일인가?

우선 가정에서 아이가 자연스레 영어에 대해 열린 마음을 가질 수 있도록 분위기를 만들어 줘라. 아이가 집에서 영어 한마디 사용하지 않으면서 하는 공부는 무용지물이다.

가족이 영어 놀이에 함께 참여할 수 있는 여러 가지 방법들을 소개하겠다.

가족이 함께 미국 드라마 보기

미드미국 드라마도 재미있고 유익한 것이 많다. 멜로나 로맨스가 주

종을 이루는 우리나라 드라마와 달리 특정 분야의 전문적인 용어를 많이 쓰는 드라마들이 활개 친다. 괴팍한 의사가 주인공인 병원 드라마 'House'에는 의학 용어가 많이 등장한다. 아이들이 자연스레 미국 병원의 분위기와 거기서 쓰는 용어를 습득할 수 있을 것이다. 'Big Bang Theory'는 과학에 미친 범생이 성인들이 그려 내는 코미디다. 이 드라마를 보면 미국 회화가 평소에 얼마나 빠른지 자연스레 알 수 있을 것이다. 또 지적인 캐릭터들을 통해 은어 이외에 학술적인 용어들도 배울 수 있다. 위트가 있는 드라마다. 'Gossip Girl'은 미국 상류 사회와 동부 지역의 학교생활을 적나라하게 보여 준다. 단, 야한 장면도 좀 있으니 아이들이 어릴 경우에는 유의해야 한다. 장면 장면을 넘겨 가며 보는 것도 좋은 아이디어다.

아이 혼자만 보라고 하지 말고 가족들이 모여서 같이 시청하는 시간을 가져라. CD를 구매해도 되고 몇 화 정도는 돈 안 들이고 'Youtube'에서 검색해 봐도 된다. 처음에는 아마 자막을 보게 될 것이다. 먼저 자막을 보면서 이해력을 높이고 나서, 차차 자막을 보지 않고 귀로만 이해하려 하는 것도 괜찮다.

가족이 함께 빌보드 차트 섭렵하기

우리나라에서도 쉽게 접할 수 있는 미국 문화가 바로 미국 음악이다. 빌보드 차트의 노래들을 다운로드해서 같이 들어 보아라. 인터넷에서 가사를 찾아 해석도 해 보고, 노래를 따라 부르는 것이 익숙해지면 온 가족이 합창을 할 수도 있다. 팝송을 따라 흥얼거리다 보면 듣기 실력도 향상되고 발음도 좋아질 것이다. 또, 지나간 유명 음악 프로그램인 'American Idol'을 다운로드해서 시청하는 것도 좋다. 가족이 함께 즐길 수 있는 즐거운 취미 생활이 될 것이다.

가족이 함께 미국식 간식 만들기

미국은 간식 문화가 발달했다. 가족이 함께 영어 레시피에 따라 간식을 만들어 먹는 것도 미국 문화를 이해하고 영어를 배우는 좋은 방법이 될 수 있다. 영어로 된 요리책을 사서 봐도 좋고 온라인에서 검색해 봐도 좋다. 한국어로 되어 있는 레시피를 영어로 번역해서 요리해 보는 것도 좋다. 영어를 책으로 글로만 익히는 것이 아니라 실제로 요리하고 맛을 보면 공부도 되고 재미가 배가될 것이다! 가족이 함께 재미있게 만들어 볼 수 있는 몇 가지 간식을 소개하겠다.

1. Brownies(브라우니) : 미국에서 가장 흔한 간식인데 만드는 방법이 다양하다. 달달한 초콜릿 케이크와 맛이 비슷하다.
2. Mac and Cheese(마카로니와 치즈) : 말 그대로 마카로니 요리의 하나인데 치즈 소스와 함께 먹는 것이다. 요기가 될 수 있는 간단한 요리다.
3. Cupcakes(컵케이크) : 한국에서도 대중화된 간식이다. 미국 사람들

은 사 먹기보다 만들어 먹는다.

4. Oreo shakes(오레오 쉐이크) : 우유와 오레오 과자를 갈아 만든 음료
   다. 파티 음식으로 적당하다. 바닐라 아이스크림과 같이 갈면
   맥도날드McDonalds나 버거킹Burger King에서 파는 간식처럼 만들 수
   있다.

5. Cookie Dough(쿠키 반죽) : 미국 사람들은 쿠키를 만들어 먹는 것
   을 즐겨한다. 그런데 때로는 쿠키 반죽을 익히지 않고 그냥 먹
   는데 달콤한 것이 입에서 녹는 듯하다.

6. Hamburger(햄버거) : 시중에 파는 햄버거 빵과 집에서 구운 고기
   와 치즈 그리고 야채로 간단하게 끼니를 때울 수 있다.

7. Pancakes(팬케이크) : 팬케이크도 소스에 따라 맛이 다르다. 꿀을
   발라 먹는 것이 보편적이다. 그런데 때로는 초콜릿 소스나 딸기
   소스를 발라 먹기도 한다.

8. Chocolate Worms(초콜릿 지렁이) : 이름은 좀 뭐하지만 의외로 맛있
   다. '왕꿈틀이'를 한 봉지 사다가 초콜릿을 으깨서 뿌려 주거나
   초콜릿 가루를 뿌리면 된다.

가족이 함께 댄스타임 갖기

미국에는 파티 문화가 있다. 사교의 장으로 파티를 잘 활용하기
때문에 춤을 추는 데 익숙하다면 그만큼 유리하다. 부끄러워하지
말라. 흥겨운 살사Salsa나 힙합Hip-Hop 또는 왈츠Waltz 음악을 틀어 놓

고 가족들끼리 신나게 춤을 춰라. 춤을 출 줄 모른다고 해도 우선 몸을 풀며 놀아라. 나중에 실제로 댄스를 배울 기회가 되면 배우되 지금은 그냥 분위기를 즐겨라. 언어를 잘하기에 앞서 그 문화에 흠뻑 빠져 보는 것도 유익한 교육이다.

위에서 영어를 배우기에 앞서 가족이 함께 미국 문화를 이해하고 즐길 수 있는 몇 가지 팁을 소개했다. 미국이 영어 문화권의 강대국이기에 미국 문화를 배워 두면 유용하게 써먹을 수 있을 것이다.

우리 아이가 영어를 잘하게 하고 싶다면 학업 스트레스를 완화할 수 있는 분위기를 조성하라. 매일 아니면 매주 한 번씩 미국 문화 체험 시간을 가지면 아이는 자연스레 영어를 공부하고 싶은 의욕이 생길 것이다. 게다가 여태까지 배운 영어 놀이들을 활용하면 아이는 영어를 마스터하고 싶은 강한 욕구를 가지게 될 것이다. 영어로 놀아라! 그러면 새로운 세계가 열릴 것이다.

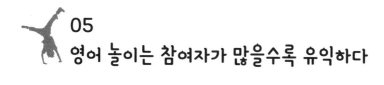

05
영어 놀이는 참여자가 많을수록 유익하다

 만화 영화 '심슨 가족'의 주인공 심슨은 어리석고 문제가 많은 남자다. 하지만 그의 딸은 어린 나이에 비해 머리 회전이 빠르고 똘똘하다. 다섯 명의 가족들이 펼치는 에피소드들은 정말 황당하면서도 코믹하다. 제목이 '심슨'이 아니라 '심슨 가족'인 데서 알 수 있듯이 각기 매력이 다른 캐릭터들이 함께 모여서 일으키는 소동들이 참 흥미롭게 전개된다. 미국 만화 영화인데 영어 공부 삼아 볼만하다.

 영어 놀이에 있어서 '심슨 가족'을 시청하는 일은 별일이 아니겠지만 가족이 모인다는 것 자체가 큰 의미가 있다. 이 만화 영화가 재미있는 이유는 한 캐릭터에만 초점이 맞추어진 것이 아니라 여럿이 모여서 엉뚱하고 기발한 사건 사고를 만들어 낸다는 데 있다.

 가정도 마찬가지다. 아이가 잘 크길 바란다면 가족들이 서로 협

력해야 한다. 우리 아이가 영어를 싫어하고 못한다면 가족들에게도 분명 책임이 있다. 아빠, 엄마부터 영어를 기피하는데 아이가 하루 한 시간 학교에서 공부 좀 한다고 영어를 좋아하겠는가? 게다가 억지로 학원까지 보내면 아이의 영어에 대한 생각은 부정적으로 변할 수밖에 없다.

우선 집에서 영어에 대한 열린 교육을 실시하라. 온 가족이 영어 놀이에 참여해야 의미가 있고 효과도 크다. 아이가 하나라서 식구 수가 적다면 아이의 친구들을 동참시켜라.

이번에는 온 가족이 함께 할 수 있는 가족 영어 놀이를 몇 가지 소개하겠다.

Chores Game 허드렛일 놀이

대부분의 아이들은 청소나 설거지를 하기 싫어한다. 이런 아이들이 자진해서 영어 놀이를 하며 집안일을 하게 할 수 있는 방법이 있다. 가정마다 싫어하는 일이 다를 테니 할 일은 상황에 맞게 정하면 된다.

예를 들어 아이에게 설거지를 하게 한다고 가정하자. 설거지의 양을 가늠하여 시간을 정해 타이머를 작동한다. 미리 영어 성경 구절을 하나 써서 타이머 옆에 두고 곁눈질로 외우면서 설거지를 하게 해라. 성경 버전은 NIV(New International Version)가 가장 무난하다. 설거지를 시간 내에 잘하고 영어 성경 구절까지 완벽히 외우면 아이가 가장 좋아하는 간식을 만들어 주겠다고 약속하여 동기 부여를 한다.

아이가 일을 다 마치면 외운 내용을 큰 소리로 암송하게 하라. 나머지 가족 중 한 사람이 종이에 적힌 글귀와 비교하여 암송 내용이 맞는지 확인한다. 맞으면 약속대로 맛있는 간식을 만들어 주고, 틀리면 벌칙으로 아이에게 가족을 위해 간단한 미국 간식을 하나 만들게 해 보는 것도 괜찮다. 간식에 대한 기대가 있으니 일을 제대로 할 것이고, 혹여나 불평심이 있더라도 암기를 위해 집중하다 보면 절로 사그라진다. 집안일에 대한 책임감도 생기고, 영어 실력도 늘고, 잘하면 맛있는 간식도 먹을 수 있는 좋은 놀이다.

ESL English as a Second Language 보드게임

가족들이 다 모이는 자리를 노려 영어 보드게임을 해 봐라. 온 가족이 신나게 게임에 몰입할 것이다. 아이들이 어릴수록 공부보다는 놀이나 게임으로 접근하는 것이 더 효과적이다.

우선 게임 용어를 몇 가지 알려 주겠다.

- 놀이 : Game
- 말 : Game pieces
- 참여자 : Players
- 패배 : Lose / Lost
- 주사위 : Dice
- 보드판 : Game board
- 규칙 : Rules
- 승리 : Win / Victory

ESL 보드게임은 종류가 다양하다. 어떤 단체나 강사가 직접 만든 것도 있지만, 굳이 만들 필요가 없을 정도로 다양한 영어 게임이 시중에서 팔리고 있다. 근처 서점이나 문구점에 없을 경우 대형마트나 인터넷에서 구입하면 된다.

대표적인 영어 게임으로 'Scrabble', 'Taboo', 'Chutes and Ladders', 'Game of Life', 그리고 'Monopoly'가 있다. 단, 한국말로 번역된 게임이 아니라 영어로 된 오리지널 게임 보드를 사야 영어를 사용할 수 있는 계기가 생긴다. 게임을 하다가 한국말을 쓸 경우 벌칙을 만들어도 된다. 혹시 영어가 짧으면 발음을 제공하는 전자사전을 곁에 두고 놀아도 좋다.

Family JENGA 가족 젠가

젠가는 세계적으로 유명한 게임이다. 그런데 젠가는 굳이 말을 할 필요가 없는 게임인데, 어떻게 젠가로 영어를 배울 수 있을까? 방법은 간단하다. 젠가 블록마다 네임펜으로 질문을 하나씩 적어놓아라. 블록을 집으면 질문에 답을 해야 게임을 계속할 수 있다.

질문 유형은 다음과 같이 하면 된다.

What is your name? (이름이 뭐예요?)

Where are you from? (어디서 오셨어요?)

What are your hobbies? (취미가 뭐예요?)

What do you like to do on the weekend? (주말에 뭐하세요?)

What is your favorite restaurant and why?

(제일 좋아하는 식당이 어디고 왜 좋아하는 거죠?)

What is your job? (직업이 뭐예요?)

What is your dream for the future? (미래에 무엇을 하고 싶나요?)

젠가에 적을 질문이 잘 생각나지 않거나 아직 실력이 부족해 영어로 묻고 답할 수 없다면 그냥 영어 단어들을 써 놓아도 된다. 그리고 영어 단어를 읽고 뜻을 말한 후에 게임을 진행하면 된다. 조금 익숙해지면 무작위로 블록을 몇 개 골라 블록에 적혀 있는 단어들로 문장 만들기를 할 수도 있다.

ESL Spelling Bee ESL 철자 게임

Spelling Bee 게임은 미국 방송에서도 자주 등장하며 이걸로 수천 달러에서 수억까지 버는 사람들도 있다. 낱말 카드가 많이 필요한 게임이다. 영어를 배우는 단계이기 때문에 뜻을 외우는 것도 중요하다. 낱말 카드 앞장에는 영어 단어를 적고, 뒷장에는 한국어로 단어의 뜻을 적어라.

놀이 방법은 간단하다. 가족 중 한 사람이 카드에 적힌 한국어 뜻을 말한다. 그러면 그 뜻에 해당하는 영어 단어를 먼저 말하는 사람이 1점을 얻는다. 그리고 이제 철자를 말해야 한다. 철자도 맞히면 1점을 더 얻는다. 준비된 낱말 카드를 다 끝냈을 때 가장 많은 점수를 얻은 사람이 승자가 된다. 이기면 굳이 상이 없어도 뿌듯함이 느껴지는 유익한 놀이다. 낱말 카드를 준비하고 단어들을 외우고 게임을 하면서 아이들의 단어 실력이 쑥쑥 자랄 것이다.

위에서 소개한 것처럼 가족이 함께 즐길 수 있는 영어 놀이들이 많이 있다. 공부라는 미명으로 아이를 집에서 소외시키지 말아라. 집안일도 함께 하고 만화 영화도 함께 보는 즐거운 공동체가 되어라. 영어 놀이는 즐거운 놀이이면서 실속 있는 교육이기도 하니, 가족이 함께 영어 놀이로 행복하고 유익한 시간을 보내길 바란다.

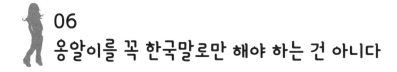

옹알이를 꼭 한국말로만 해야 하는 건 아니다

"어마, 어마, 엄마."

아이가 2-3개월 되면 옹알이를 시작한다. 6개월 정도 되면 옹알이의 절정기라고 할 수 있다. 하지만 옹알이도 옹알이 나름이다. 옹알이가 사람 말과 비슷한 시기는 대개 생후 1-2년 무렵이다. 얼핏 들으면 한국어 비슷한 소리들을 옹알거리는 아기들을 볼 수 있다.

그런데 여기 쇼킹한 뉴스가 있다. 옹알이를 영어로도 할 수 있다는 것이다. 아니, 한국에서 태어나 한국에서 자라는 한국 아이가 어떻게 네이티브 아이처럼 영어로 옹알이를 할 수 있단 말인가?

여기 놀라운 비밀이 있다. 아이의 귀에 언어는 그저 소리로 들릴 뿐이라는 것이다. 어른들은 영어, 일본어, 중국어를 구분 짓지만 아이들의 귀에는 다 조금씩 다른 소리일 뿐이다. 생각을 해 봐라. 아이가 이제 막 소리에 의미가 있다는 것을 어렴풋이 깨치는 수준인데 어떤 단어가 어떤 나라말인지 무슨 수로 알겠는가? 그저 부모가 가르쳐 주는 대로 알 뿐이다.

아이에게 스킨십을 하며 계속 영어로 말을 걸어 보아라.

영어 테이프를 들려주는 것보다 부모가 직접 간단한 영어 인사 말을 건네는 것이 좋다. 또 아이가 옹알이를 할 때 영어로 대꾸를 하며 스킨십도 같이 해 주는 것이 좋다. 청결상의 이유로 뽀뽀를 자주 못 해 준다면 가볍게 팔, 다리를 주물러 줘라. 아이가 자연스 레 영어 소리와 스킨십의 기분 좋은 편안함을 서로 연상하게 되어 절로 영어와 친숙해질 것이다. 아빠, 엄마가 영어 실력이 부족하 거든 공부를 해서라도 영어로 말을 건네 보아라. 요즘 전자사전은 영어 발음도 가르쳐 준다.

다양한 언어로 옹알이를 한 유명한 예가 있다. 바로 '슈퍼맨이 돌아왔다'의 추사랑이다. 사랑이는 어릴 때부터 한국어와 일본어 를 함께 말했다. 물론 섞어 쓰면서 말이다. 이게 가능했던 것은 아 빠는 한국어를 쓸 줄 알고 엄마는 일본어를 쓸 줄 알기 때문이다. 그런데 일반 가정에서도 영어 사전을 들고 다니며 아이에게 놀이 삼아 영어로 말을 건다면, 아이가 자연스레 영어의 기본 체계는 어느 정도 터득할 수 있을 것이다.

이제 옹알이하는 아이들을 위한 놀이들을 소개하겠다.

피드백 놀이 Feedback Game

아이가 옹알거리기 시작하면 어른들은 자연스레 맞장구를 쳐 준다. 이 시기에 아이가 입을 열 때마다 "그랬니?", "그랬어?" 하고 대꾸를 해 주면 아이는 자연스레 자신의 말을 누군가가 듣고 있다는 것을 인지한다. 영어로는 "Really?진짜?"라고 하면 되겠다.

닉네임 놀이 Nickname Game

아이가 어릴 때는 마냥 귀엽기만 하다. 아이를 이름 대신 '똥파리' 혹은 '돼지'라고 부르는 사람들도 있다. 사랑스런 내 아이에게 영어로 닉네임애칭을 붙여 주면 어떨까? 좋아하는 영어 단어를 골라 아이의 애칭을 만들어 불러 줘라. 아이가 크면서 영어에도 반응을 하는 모습을 볼 수 있을 것이다.

음악 놀이 Musical Game

아이에게 음악을 틀어 줘라. 아이가 신생아 때는 소리에 유난히 민감하다. 눈이 아직 잘 보이지 않기 때문이다. 어린 아기에게 음악 소리 사이사이로 영어를 들려줘라.

"You are so cute!넌 정말 귀여워!"나 "You are so adorable!넌 참 사랑스러워!"를 연발하면, 아이가 음악을 듣다가 자연스레 영어에 귀를 기울이게 된다.

칭찬 놀이 Compliments Game

아이에게 영어로 칭찬을 해 줘라.

여기 조그마한 아이들에게 할 수 있는 칭찬 리스트가 있다.

"You are so handsome!" (너무 잘 생겼어!)

"You are so smart!" (너무 똑똑하네!)

"Your skin is so soft." (살결이 너무 부드러워.)

"You can talk?" (말도 할 줄 알아?)

"You've got nice clothes." (예쁜 옷도 입었네.)

이 밖에 칭찬할 말을 한국어에서 영어로 번역해서 써도 좋다. 아이가 자라면서 자연스레 영어로 긍정적인 표현들을 접하게 될 것이다.

영어 동요 놀이 English Songs Game

아이를 안고 하면 좋은 놀이다. 영어 동요를 하나 외워 불러 주며 박자에 맞춰 아이를 토닥여 주면 된다. 등을 살살 어루만지며 영어 동요를 불러 주면 아이도 편안하게 영어로 음악 감상을 할 수 있게 된다. 영어 노래로 아이와 영어 사이에 길을 내는 것이다.

넌센스 놀이 Nonsense Game

아이가 한창 옹알거릴 때 엄마들은 아이들에게 쉴 새 없이 이것 저것 말을 걸곤 한다. 아이가 너무 귀여워서 혹은 아이가 말을 빨리 배우게 하기 위해서다. 그런데 영어로 아이에게 넌센스, 곧 말이 안 되는 말을 하는 것은 어떨까? 이것저것 단어를 섞어 말해 주다 보면 아이는 자연스레 한국어와는 다른 영어 발음과 발성에 익숙해진다.

앵무새 놀이 Parroting Game

아이가 옹알이를 하는 것은 어른들의 언어를 따라 하기 위해 준비하는 것이다. 이럴 때 아이에게 말을 가르쳐 주는 것이 좋다. 이때 엄마가 제일 먼저 가르치는 말이 '엄마'다.

아이가 말을 하기 시작하면 '엄마', '아빠'를 영어로 가르쳐 주어라. '엄마'는 'Mommy'나 'Mom'으로, '아빠'는 'Daddy'나 'Dad'로 부르게 하라. 그렇다고 영어만 쓰라는 게 아니다. 영어도 한국어와 같은 수준을 배워 나갈 수 있도록 하는 것이 최선이다.

이렇게 하면 되겠다.

"Mommy, say mommy. Good job."

(엄마, 엄마라고 해 봐요. 참 잘했어요.)

이런 저런 단어와 문장들을 때론 영어로, 때론 한국어로 듣고 따라 하다 보면 아이는 자연스레 두 언어를 습득하게 된다. 추사랑의 경우처럼 2개 국어를 어릴 때부터 가르쳐 보자. 조기 유학은 필요가 없다.

우리 아이에게 가장 좋은 선생님은 바로 부모다. 가정에서부터 영어 놀이로 조기 교육을 시켜라. 옹알이도 영어로 할 수 있는 좋은 기회다.

엄마가 영어를 좀 못한다 싶어도 상관없다. 어설픈 영어라도 들어 본 것과 들어 보지 않은 것에는 큰 차이가 있다. 열심히 아이와 말로 놀아 줘라. 심은 대로 거두게 될 것이다.

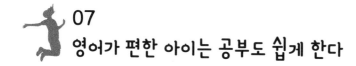

07
영어가 편한 아이는 공부도 쉽게 한다

"요즘 학교에서 뭐 배우니?"

아이들에게 요즘 학교에서 배우는 수업 내용을 물어봐라. 그러면 나이가 어릴수록 대답을 수월하게 한다. 나이가 많을수록 공부에 대한 스트레스도 많아지기 때문이다.

그런데 신기한 일이 있다. 영어를 잘 가르쳐 놓으면 아이가 공부를 쉬워 한다는 것이다. 왜일까? 거기엔 과학적 근거가 있다.

뇌과학에서는 흔히 좌뇌를 언어의 뇌, 우뇌를 이미지의 뇌라고 한다. 좌뇌는 논리적이고 우뇌는 직관적이다. 그런데 최근에 밝혀진 바에 따르면 좌뇌는 주로 문법과 단어를 담당하고, 우뇌는 강세나 강조, 억양 등을 담당한다고 한다. 우뇌가 발달하면 미묘한 어감의 차이를 파악하고 포괄적으로 이해하는 능력이 뛰어나 학교에서 배우는 국어, 사회, 언어 등을 잘할 수밖에 없다. 그렇다면 좌뇌를 쓰는 수학은 어떻게 하는가? '중앙일보'에 따르면 요즘 수학 문제는 거의 스토리텔링 형식으로 바뀌어 가고 있다. 수학 문제를 풀려고 해도 우뇌를 사용해야 한다. 따라서 영어 놀이를 통해 언어를 발달시키면 공부가 쉬워질 수밖에 없다.

그런데 왜 영어 공부가 아니라 영어 놀이인가? 이것도 뇌의 비밀 때문이다. 좌뇌는 저장고다. 지식을 저장하는 역할을 한다. 우리가 문법을 공부하면 좌뇌에 깊숙이 저장된다. 그러면 영어를 할 때 좌뇌에서 이 기억을 찾아내 써야 한다. 그래서 한국 사람들이 영어를 할 때 원어민보다 천천히 말하는 것이다.

하지만 놀이를 통해 영어를 배우면 우뇌가 회전한다. 기억의 창고에서 찾아 쓰는 것이 아니라 본능적으로 영어를 말하게 된다. 마치 원어민처럼 영어가 튀어나온다는 말이다. 우뇌도 언어를 저장하지만 가까운 시일 내에 쓰일 기억을 저장하는 반면, 좌뇌는 오래된 기억을 저장한다.

그래서 여기 우뇌를 발전시키는 영어 놀이를 몇 가지 소개하고자 한다.

Picture Spelling Bee 그림으로 하는 철자 게임

신문이나 잡지 혹은 인터넷에서 그림이나 사진을 모아라. 사진은 선명하고 물체가 분명히 보이는 것으로 하라. 단어 카드 앞면에 그림이나 사진을 붙여라. 그리고 뒷면에는 영어 단어를 적어라. 더 어렵게 하고 싶다면 한국어로 뜻도 적어라.

게임은 이렇게 한다.

여러 사람이 그림을 보고 영어 단어를 맞혀라. 난이도를 높이려면 한국어 뜻까지 맞히기로 하면 된다. 단어를 먼저 맞힌 사람이 철자를 맞힐 찬스를 얻는다. 영어 단어에 1점, 한국어 뜻에 1점, 철자에 1점이다.

Picture Game 그림 단어 놀이

이 게임은 3세 전후의 아이들과 하면 좋다. 바로 위의 Picture Spelling Bee와 달리 철자를 외우게 하지는 않는다. 아직은 소리로만 언어를 익힐 나이다.

아이들이 좋아할 만한 그림이나 사진을 모아라. 그리고 뒷면에 영어 단어를 적어라. 발음을 모르겠으면 전자사전이나 인터넷 사전을 참조하라.

아이가 영어 단어를 맞히면 칭찬을 많이 해 주고 다음 단어로 넘어가라. 못 맞히면 엄마가 가볍게 웃으며 단어를 몇 번 들려주도록 한다. 벌칙은 없다. 아이에게 같은 단어를 세 번 이상 보여 주면 아이가 지루해할 수도 있으니 카드를 다양하게 보여 줘라.

20 Questions 스무고개

한 사람이 영어로 한 단어를 생각한다. 그리고 다른 사람들은 20개의 질문을 하며 그 단어가 뭔지 맞혀야 한다. 단어 출제자는 "예",

"아니오"로만 답할 수 있다. 20개의 질문 안에 못 맞히면 단어를 공개하면 된다. 만약 이 게임이 너무 쉽다면 질문도 영어로 하면 된다. 이렇게 놀면 된다.

★ 20 Questions 스무고개 놀이방법의 예 ★

단어 : Clock 시계

1. 먹을 수 있는 것인가요?
2. 빨간색인가요?
3. 들고 다닐 수 있는 것인가요?
4. 집 안에 있는 물건인가요?
5. 갖고 노는 물건인가요?
6. 식사할 때 쓰는 것인가요?
7. 부드러운 물건인가요?
8. 아이들이 자주 쓰는 물건인가요?
9. 어른들이 자주 쓰는 물건인가요?
10. 스스로 움직이는 물건인가요?
11. 집 밖에서도 사용할 수 있는 물건인가요?
12. 파란색인가요?
13. 매일 사용하는 물건인가요?
14. 아이들 손에 닿을 수 있는 물건인가요?
15. 오래된 물건인가요?
16. 중요한 물건인가요?
17. 나무로 만들어진 물건인가요?
18. 무거운 물건인가요?
19. 쉽게 썩어 없어지는 물건인가요?
20. 주방에서 자주 쓰는 물건인가요?

스무고개를 하면 질문을 하기 위해 머릿속으로 상상을 하게 되고, 무의식적으로 아는 영어를 총동원해 단어를 맞히려고 하는 경향이 있기 때문에 우뇌 개발에 도움이 된다.

Matching Game 짝 찾기 게임

게임 카드를 직접 만들어도 되고 시중에 파는 것을 사서 써도 된다. 우선 그림이 같은 카드를 두 장씩 만들어라. 그림 밑에 그림에 맞는 단어도 적어 넣어라. 그리고 그림과 단어가 보이지 않게 뒤집어 섞어 바닥에 펼쳐 놓아라. 그림의 이미지와 카드의 위치에 대한 기억을 되살리는 게임이다. 엎어 놓은 카드 중 두 개를 집어 짝이 맞으면 해당 단어를 발음하고 맞지 않으면 제자리에 내려놓는다. 발음까지 맞으면 1점을 받고 그 카드는 맞힌 사람이 가져간다. 단, 영어 게임이기에 단어를 틀리게 발음하면 카드를 제자리에 다시 엎어 놓아야 한다.

Crossword 십자말풀이

십자말풀이를 하고 싶은데 아이의 영어 수준이 높지 않다면 온라인에서 직접 만들어도 된다. 구글 검색창에 'Crossword Puzzle Maker', 혹은 'Crossword Puzzle Generator'을 치면 컴퓨터가 십자말풀이를 직접 만들어 주는 사이트를 찾을 수 있다. 쉬운 단어부터 시작하다 보면 재미가 붙을 것이다. 일반적인 가로 세로 유형만이 아니라, 상하좌우 대각선 방향에다 그 역방향까지 활용하는 십자말풀이도 있어 시간 가는 줄 모르고 빠져들 것이다.

우뇌를 개발하는 데 제일 좋은 방법은 바로 독서다. 아이들이 영어 서적을 스스로 읽지 못하는 나이일지라도 그림책을 보여 주면서 창의력을 개발시키면, 아이들은 언젠가 그 책을 스스로 찾아 읽게 된다. 아이들이 어렸을 때부터 책을 가지고 놀면 그만큼 책을 친밀하게 느낀다.

나도 어렸을 때부터 책을 가지고 놀았다. 글을 깨치기 전에는 테이프로 이야기를 들었는데, 그것이 나중에 책을 읽기 시작했을 때 많은 도움이 됐다. 내용을 이미 알고 있었기 때문이다.

영어도 마찬가지다. 삼성출판사에서 나온 영어 명작 시리즈는 CD와 함께 출판되는데, 이런저런 이야기를 아이가 영어로 접하게 되면 우뇌가 발달해 미래에 공부하는 데 큰 도움이 될 것이다.

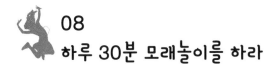

08
하루 30분 모래놀이를 하라

　요즘은 아파트 단지 놀이터에서도 모래를 구경하기 힘들다. 모래에 기생충이 많다고 우레탄 바닥재나 폐타이어 블록으로 바꿨기 때문이다. 참 안타깝다. 관리만 제대로 하면 모래가 아이들의 창의성 발달에는 훨씬 더 좋을 텐데 말이다.

　하지만 요새 인터넷이나 문구점에서 잘 팔리는 '요술모래'라는 대체 모래가 있다. 찰흙 같은 질감인데 주물럭거릴 때 신기하게도 모래 느낌이 난다. 부드럽고 깨끗해서 아이들이 가지고 놀기에 적당하다. 3세의 어린아이도 가지고 놀 수 있는데, 아이가 제품을 흡입하지 않게 주의해야 한다. 요술모래를 구입했으면 아이가 놀 수 있는 공간을 만들어 줘라. 거실 탁자도 괜찮고 부엌 식탁도 괜찮다. 바닥에서 놀려면 쟁반을 하나 준비해 줘라. 더러운 이물질이 들어가지 않게 관리를 해야 한다.

이제 엄마랑 아이랑 하루 30분가량 요술모래를 이용해 할 수 있는 놀이들을 소개하겠다.

모래 알파벳

나는 영어 필기체를 모래놀이를 통해 익혔다. 조그마한 아이들이 요술모래로 알파벳 모양을 만들게 해도 좋다. 주물럭거리며 시간 가는 줄 모르고 놀다 보면 자연스레 알파벳과 친근해질 것이다.

색깔 놀이

우선 아이가 색색의 요술모래로 실컷 놀게 해라. 여러 가지 모양을 만들었으면 영어로 모래의 색깔을 알려 줘라. 계속 반복하다 보면 아이도 영어로 빨강, 초록, 파랑을 중얼거리며 놀게 된다.

동물 놀이

3세 전후의 아이들이 이 세상에서 제일 관심 있는 분야는 바로 동물들일 것이다. 동물 사진이나 그림 또는 인형을 보여 주면서 똑같이 만들어 보게 해라. 아이가 만든 것이 조잡해 보이더라도 칭찬을 많이 해 줘라. 그리고 동물의 이름을 영어로 가르쳐 줘라. 엄마가 잘 모른다고 그냥 넘어가지 말고 사전을 활용해라. 연관된 동물 비디오를 보여 줘도 아이가 참 즐거워할 것이다.

청소년 모래놀이

13세 아이들은 스트레스가 참 많다. 공부 스트레스 말고도 친구나 외모에 대한 스트레스도 많다. 이런 아이들이 하루 10분 정도의 적은 시간으로도 할 수 있는 스트레스 제로 놀이가 있다. 바로 요술모래를 활용한 놀이다.

10분 동안 아이가 만들고 싶은 것을 만들게 해라. 그리고 영어로 설명을 하게 해라. 잘하지 못해도 나무라지 말고 사전을 찾아가면서 거들어 줘라. 영어를 잘 모르는 아이는 먼저 한국어로 설명을 하게 하고 함께 조금씩 영어로 통역해라. 어디까지나 스트레스를 풀기 위한 놀이일 뿐이니 아이에게 무안을 주면 안 된다.

모래 다트 Sand Dart

아이들은 무언가를 던지길 좋아한다. 어릴수록 힘이 남아돌기 때문이다. 이런 아이들이 건강하게 에너지를 발산하면서 영어도 배울 수 있는 놀이가 있다.

우선 화이트보드를 하나 구입하여 큰 글씨로 색깔, 알파벳 또는 영어 단어를 적어라. 아이에게 1미터 정도 떨어져서 요술모래를 다트처럼 보드에 던지게 해라. 그리고 요술모래가 맞은 자리의 색깔이나 단어를 아이에게 가르쳐 줘라. 계속 반복하다 보면 아이가 보드의 내용을 다 익히게 될 것이다. 그러면 지우고 조금 더 어려운 내용을 써 넣고 똑같은 과정을 되풀이해라. 요술모래는 던지는 촉감이 좋고 다트보다는 안전하기 때문에 재미있게 놀 수 있을 것이다.

위에 소개한 대로 하루 30분 정도 아이들이 모래를 이용해 놀다 보면 스트레스가 풀린다. 그리고 보통 양손을 사용하기 때문에 우뇌, 좌뇌가 고르게 발달하게 된다. 아이가 아직 어려서 영어 공부는 할 수 없고 영어 놀이가 적합할 때 놀아 주기 좋은 방법이다. 아이가 오감의 자극을 많이 받을수록, 아이와 스킨십을 많이 할수록 더 많이 두뇌 개발이 된다. 열심히 놀아 줘라.

이번에는 진짜 모래를 이용한 고등 영어 게임을 알려 주겠다. 진짜 모래도 인터넷으로 주문이 가능하다.

필기체 놀이

모래를 박스에 담아라. 대야에 담아도 좋다. 손을 넣고 글을 쓰기 좋게 턱이 낮은 대야를 골라라. 그리고 쓰는 순서와 방향을 나타내는 화살표가 그려져 있는 영어 필기체 연습지를 크게 인쇄해서 모래 가까이에 둬라. 이제 인쇄물을 보며 모래 위에다 손가락으로 화살표 방향대로 따라 써라. 쓰다가 틀리거나 다 썼으면 모래 위의 글씨를 지우고 다시 써라. 모래의 촉감 덕분에 즐겁게 할 수 있어 종이 위에 쓰는 것보다 더 쉽게 필기체를 익힐 수 있다.

문법 놀이

문법을 모래를 이용해서 배울 수 있다고? 물론 방법이 있다.

모래 위에 영어 문장이 적혀 있는 종이를 놓아라. 그리고 모래를 이용해 문장의 단어들을 쓰임새_{문장성분}별로 구분해라. 주어 찾기, 동사 찾기, 목적어 찾기, 보어 찾기 등을 하다 보면 영어 문법의 기본 틀이 잡히게 된다.

예를 들어 이렇게 말이다.

My name is Sam. (내 이름은 샘이다.)

여기서 주어를 찾으라고 하면 name 밑에 모래로 표시하면 된다. 이어서 동사를 찾으라고 하면 모래를 털고 is 밑에 다시 모래로 표시를 하면 된다. 아예 모래 위에 문법책을 놓고 공부해도 된다. 그냥 종이에 펜으로 하는 것보다 재미있고, 오감을 쓰게 되기 때문에 기본 문법을 더 빨리 익힐 수 있을 것이다.

한석봉 놀이

명필 한석봉의 어머니는 깜깜한 데서 떡을 썰었다. '한석봉 놀이'는 눈을 감은 채 모래 위에다 영작 숙제를 써 보는 놀이다. 이렇게 반복해서 하다 보면 영어를 쓰는 속도가 자연스레 빨라진다. 영작 시험 시간에 스피드는 생명인데, 한국의 학교 수업에서는 영작에 할애하는 시간이 원어민에 비해 턱없이 적다. 이렇게 집에서 스스로 연습을 하지 않으면 나중에 유학 가서 엄청나게 고생한다.

모래 위에 영작 숙제를 한 번씩 써 보아라. 눈을 감고 쓰기 때문에 오감이 더욱 살아날 것이다.

이 세상에는 정말 다양한 영어 놀이가 있다. 그런데 그걸 모르고 무식하게 밀어붙이기식으로 공부하는 사람들이 많다. 요즘 시대 영어 공부는 엉덩이 싸움이 아니라 창의력 싸움이다. 하루 30분씩만 영어 놀이에 투자해도 엄청나게 영어 실력을 향상시킬 수 있다.

아이와 함께 놀아 주는 엄마가 되어라. 엄마가 영어 전공자가 아니라도 함께 할 수 있는 간단한 놀이들이 많이 있다. 30분이 어렵다면 10분이라도 시간을 내 보아라. 그렇다고 한창 수능이나 고시 공부를 하고 있는 사람에게 하라는 건 아니다. 중요한 시험을 앞두고 있다면 시험에 집중하라. 하지만 아직 시간이 많은 어린아이라면 더욱 열심히 영어 놀이에 매진하라. 나중에 시험을 칠 때마다 피와 살이 되어 줄 것이다.

인생의 차이를 만드는
영어 놀이법

영어는 놀이다

CHAPTER 5

인생의
차이를 만드는
영어
놀이법

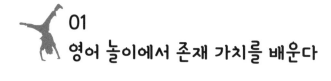

01
영어 놀이에서 존재 가치를 배운다

현대 사회에서는 영어만 잘해도 성공한다. 아이가 욕심이 많은가? 영어를 꼭 배우게 해라. 세계 어느 나라를 가도 영어면 거의 다 통한다. 내가 어디를 가나 친구를 사귈 수 있고 일거리를 찾을 수 있는 것도 영어 덕분이다.

나를 포함해서 영어 하나로 인생의 차이를 만든 케이스가 많다. 반기문 유엔 총장이 바로 영어로 인생을 바꾼 대표적인 케이스다. 유창한 영어 실력이 그의 인생에 차이를 만들었다. 어릴 적에 처음 영어를 접하고 학교 공부만으로는 부족함을 느낀 그는 인근의 성공회 신부나 비료 공장의 미국인 엔지니어 등 외국인들을 직접 찾아다니며 영어를 익혔다. 그리고 마땅한 영어 학원도 없던 그 시절에 소년 반기문은 나름의 영어 놀이를 하며 영어 실력을 키웠다. 그는 미군 부대에서 타임지를 구해 읽었다. 굳이 문법만 공부한 것이 아니라 잡지를 보고 놀면서 영어를 익혔다.

대한민국 사람 중에 반기문 총장이 성공하지 않았다고 생각하는 사람은 아무도 없을 것이다. 발음까지 완벽하면 더욱 좋겠지만 어휘력이나 전달력에서는 최고 수준의 영어를 자랑한다. 이것이 바로 생활력 있는 언어이자 의사소통이 되는 영어다.

또 다른 성공 사례들이 있다.

《청춘아, 가슴 뛰는 일을 찾아라》의 저자 김해영 작가는 영어 능력이 뛰어나다. 미국에서 대학을 졸업했고 이어 컬럼비아 대학원에서 석사 과정Columbia University Masters program을 1년 만에 마쳤다. 그녀는 척추 장애인으로 불우한 어린 시절을 보냈다. 가난한 아버지와 정신 질환을 앓고 있는 어머니 사이에서 태어난 그녀는 아버지의 학대로 후천적 장애인이 되었다. 하지만 그녀는 낙심하지 않았다. 그녀는 보츠와나Botswana에서 봉사 활동을 하며 실생활을 통해 영어를 배웠다. 현지인들과 일로 의사소통하며 언어를 익힌 것이다. 그리고 틈나는 대로 취미인 영어 독서로 실력을 키웠다. 그녀는 영어 이외에 일본어도 유창하게 구사하는데 다 현직 국제사회복지사로서의 해외 경험을 통해 배운 것이다. 어느 교육 기관도 이런 생활력 있는 언어를 가르치기는 어렵다. 하지만 김해영 작가처럼 원어로 독서를 하며 실생활에서 그 언어를 접하고 사용하면 언어가 늘 수밖에 없다. 영어 공부를 꼭 교실에서만 해야 하는 것은 아니다.

사람은 살다 보면 어느 순간 "나는 왜 존재하는가?"라는 질문을 던지게 된다. 김해영 작가가 유독 마음에 드는 이유는 그녀가 영어를 통해 자신의 존재 가치를 찾았기 때문이다. 자신의 책 제목처럼 가슴 뛰는 일을 찾아낸 것이다. 국제사회복지사로 일하려면 당연히 영어가 유창해야 한다. 영어 한마디 못하는 사람이 어떻게 외국인들과 일을 하겠는가? 꿈에 대한 열정, 역경을 이겨 낸 눈물겨운 노력과 더불어 <u>끊임없는 영어 독서로</u> 그녀는 자신의 꿈, 즉 <u>자신의 존재 가치를 실현했다.</u>

《바람의 딸 걸어서 지구 세 바퀴 반》을 쓴 한비야 작가도 언어 능력이 뛰어나기로 유명하다. 해외여행이 취미였던 그녀는 UN 국제구호단체 전문가로 활동하고 있다. 여행을 하면서 생활력 있는 영어를 다졌고 또 평생을 바칠 꿈을 발견했던 것이다.

영어 독서나 해외여행과 같은 언어를 이용한 취미 생활로 자신의 존재 가치를 찾은 사람들은 이렇게 여럿이 있다. 영어를 잘하고 싶은가? 자신의 존재 가치를 찾고 싶은가? 자아실현을 원하는가? 그렇다면 이들의 삶에서 답을 구해 봐라.

나도 언어를 통해 존재 가치를 찾았다. 철학자 데카르트는 이렇게 말했다. "나는 생각한다. 고로 나는 존재한다." 하지만 나는 영어를 통해 내 존재의 이유를 찾았다. 나는 어릴 때 콤플렉스가 참 많았다. 몸이 왜 이렇게 말랐는지, 얼굴은 왜 이렇게 통통한지, 수학을 왜 이렇게 어려워하는지 등등 나는 열등감이 많은 사람이었다. 하지만 내가 항상 즐거워했던 과목이 하나 있었는데, 바로 영문학 과목이었다. 문법 체계를 배우는 것도 재미있었지만 많은 프로젝트, 게임, 그리고 연극을 통해 접하는 영어가 너무나도 좋았다. 게다가 내게는 항상 작가가 되고 싶다는 꿈이 있었다. 나의 생각을 영어로 표현하는 것이 너무나 흥미롭고 신기했다. 내가 쓰는 단어에 따라 읽는 사람의 생각이 달라질 수 있다는 것이 너무나 새로웠다. 독학으로 공부한 국어도 재미있었지만 학교에서 배우는 영어가 너무나도 재미있어서 나는 언제나 영어책을 끼고 살았다. 영어책을 읽으면 나를 괴롭히던 콤플렉스도 없어지는 듯했다. 다른 사람이 쓴 글에 빠져 그 이야기를 읽고 있자면 나를 힘들게 하던 근심 걱정이 사라지는 듯했다.

그러다가 학교 선생님의 소개로 다른 아이의 과외를 맡게 되었다. 영어 과외를 하면서 느낀 바가 있는데, 교육에는 재미 요소가 빠지면 안 된다는 것이었다. 나는 영어 게임을 구입해 아이와 함께 놀아 줬고, 가르칠 때 되도록 에너지가 넘치는 표현들을 썼다. 남을 가르치면서 나는 또 다른 존재 가치를 발견했다. 아이의 학점이 올라갈수록 나도 뿌듯했다. 내가 이 세상에 꼭 필요한 존재로 느껴졌다. 아이가 영어에 재미를 붙일수록 나도 신이 났다. 나는 영어를 가르치며 그 아이와 친해졌고 처음으로 제자가 생겼다.

한번은 그레이스 국제학교 친구들과 함께 태국 학교에 가서 일일 영어 교사를 한 적도 있다. 영어로 여러 가지 게임을 하며 아이들을 가르쳤는데 참 의미 있는 봉사 활동이었다. 아이들이 무척이나 즐거워하는 모습을 보며 나는 큰 보람을 느꼈다. 나는 아이들에게 내 이메일을 알려 주고 사인을 해 주며 아이들과 친해졌다. 영어를 통해 우리는 잠시나마 하나가 될 수 있었다.

내게 영어는 커뮤니케이션 도구 그 이상이다. 내게 문학을 알게해 줬고 나를 교육계에 뛰어들게 한 것이 바로 영어다. 나는 내 삶의 가치를 영어를 통해 배웠다.

자신이 왜 존재하는지, 어떻게 살아야 하는지 모르겠는가? 영어로 놀아 봐라. 영어와 친해지면 자신의 꿈을 찾는 데도 큰 도움이될 것이다. 영어를 잘하면 할 수 있는 일들이 많다. 국제선 스튜어디스가 될 수도 있고, 아나운서가 될 수도 있고, 동시통역사가 될수도 있다. 혹시 가르치는 일이 적성에 맞다면 TESOL 자격증을따기를 추천한다. 영어 문화권 밖의 아이들에게 영어를 가르칠 수있는 자격증인데, 이게 있으면 세계를 무대로 정말 보람찬 일들을많이 할 수 있다. 할 수 있는 일은 많다. 영어로 미래의 문을 두드려 보기 바란다.

여기에 영어 놀이를 몇 가지 소개하고자 한다. 영어로 놀면서영어와 사랑에 흠뻑 빠지길 바란다.

Role-play Game 역할놀이
'마블의 어벤저스Marvel's Avengers' 같은 재미있는 영화를 하나 골라 각 캐릭터의 성격, 말투, 습관, 행동 등을 파악해라. 그리고 캐릭터별 특징을 살려 A4용지 반 장 내지 한 장 정도 길이의 대화를 창작해라. 한국어로 써서 영어로 번역해도 좋고 처음부터 영어로 써도 좋다. 처음에는 단순한 문장 유형일수록 읽고 쓰기 편할 것이다.

예를 들자면 이렇다.

Iron-man So according to Jarvis, we need to evacuate right now.

(그러니까 저비스에 의하면 우리는 지금 당장 대피해야 하오.)

Hulk Why do we have to run away every time we come so close to solving the problem? I'm upset.

(왜 우리는 문제를 거의 해결할 즈음에 매번 도망쳐야 하지요? 기분이 나쁘네요.)

Thor We should stay and fight. (우리는 남아서 싸워야 하오.)

Iron-man But according to Jarvis ···. (하지만 저비스에 의하면 ···.)

Hulk I don't like Jarvis. It's just a stupid computer.

(나는 저비스가 싫소. 그는 그냥 바보 같은 컴퓨터일 뿐이요.)

Thor Oh, oh. I think the ceiling is caving in.

(어쩌지, 천장이 무너지는 것 같소.)

Iron-man Jarvis, get us out of here. (저비스, 우리를 여기서 빼내 줘.)

이런 식으로 자신이 좋아하는 캐릭터를 이용해 글을 쓴 다음 혼자서 목소리를 바꿔 가며 읽거나, 식구들이나 친구들과 각자 역할을 정해 놀다 보면 영어 글짓기 실력과 말하기 실력이 자연히 향상될 것이다.

Online Boggle 온라인 보글

'Boggle'은 앞에서도 소개했는데 단어 실력을 키우는 데 유용한 게임이다. 여럿이 함께 하면 더 재미있겠지만 컴퓨터로 혼자서도 할 수 있다. 구글에서 'Online Boggle game' 또는 'Internet Boggle game'을 검색하면 온라인으로 Boggle 게임을 할 수 있는 사이트들이 뜬다. 각 사이트마다 사용법에 약간의 차이가 있을 수 있는데 몇 번 해 보면 곧 익숙해질 것이다.

프레젠테이션

이것은 게임은 아니지만 일종의 영어 놀이다. 우선 단어 카드에 가족들의 관심사를 적어라. '고전', '연예인', '역사' 등 자유롭게 적어라. 카드를 섞은 후 눈을 감고 한 장 선택해라. 그리고 그 단어를 주제로 리서치research를 해라. 컴퓨터로 사진도 프린트하고 영어로 설명도 덧붙여라. 그런 다음 식사 시간 전에 가족들에게 5-10분 정도 프레젠테이션을 해라. 부모는 용돈이나 외식 등으로 아이의 참여 동기를 높여 줘라.

영어 놀이를 통해 실력을 쌓으면 아이는 자연스럽게 자신의 가치를 알게 된다. 자신이 가치 있는 사람이라는 것을 알게 하는 것만큼 중요한 일이 어디 있겠는가? 주입식 공부로 아까운 시간만 낭비하지 말고 존재 가치를 일깨워 주는 영어 놀이를 해라. 스스로 할 수 있는 것이 많아지고 존재 가치가 높아지면 더 큰 꿈을 꾸게 된다. 아이의 삶이 달라질 것이다.

또한 영어로 독서를 해라. 독서는 일종의 취미 생활로 영어 놀이의 하나다. 책을 다양하게 읽으면 자연스레 영어가 늘게 된다. 대학 입학 때 독서 기록도 보니, 영어 독서로 실력도 늘고 입시 대비도 하고 일석이조다. 요즘 시중에 나오는 고전을 편집한 짤막한 책들은 beginners, intermediate, advanced 이렇게 영어 수준별로 나뉘어져 있는 경우가 많은데, 이런 책들은 뒷장에 단어 뜻풀이도 해 준다. 옥스퍼드 대학 출판사Oxford University Press에서도 이런 책들이 출판된다. 자신의 수준에 맞춰 읽어 나가다 보면 다음 단계로 올라갈 수 있다.

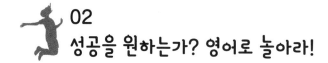

02
성공을 원하는가? 영어로 놀아라!

영어 교육의 필요성에 관한 흥미로운 CF가 있다. 주인공인 평범한 한국 남자가 계속 아름다운 외국인 여성들에게 대시를 받는다. 그런데 남자는 말이 통하지 않기 때문에 자기가 대시 받는다는 생각을 전혀 못한다. 한번은 정말 섹시한 여자가 대시하는데, 남자는 여자가 자기 택시를 새치기하려는 줄 알고 여자의 청을 거절한다. 정말 웃기면서도 슬픈 시추에이션이다.

영어 하나만 제대로 알았어도 예쁜 여자 친구를 사귈 수 있었을 것이다. 연애나 일에서의 <u>성공을 원하는가?</u> 영어를 잘하고 싶은가? <u>영어로 놀아라!</u>

나는 나름 성공한 사람이다. 미국 유학을 다녀왔고 해외 대학을 우수한 성적으로 졸업했다. 작가이기 이전에 선생님이었고 동시통역사로 일한 경력도 있다. 동시통역으로 방송에 출연한 적도 있다. 이런 성공의 바탕에는 단연 영어 놀이가 있다.

나는 어렸을 때부터 영어를 무척 좋아했다. 또 틈만 나면 영어로 독서를 했다. 밥을 먹든 화장실을 가든 내 손에서 책이 떠날 날이 없었다. 혼자 있을 때는 주로 독서를 하면서 놀았다. 하지만 학교에서는 수업 시간에 연극도 하고 다양한 게임과 프레젠테이션도 했다. 그러면서 자연히 영어 놀이의 유익함을 알게 되었다.

한국의 학교는 외국 학교들과 달리 노는 시간이 적다. 수업 사이 쉬는 시간 이외에는 노는 시간이 없다. 그러니 안타깝게도 영어 놀이와는 거리가 먼 교육을 하게 되는 것이다.

영어로 놀다가 성공한 사례는 나뿐만이 아니다. 내 친구는 한때 한국의 평범한 여고생이었다. 외모도 평범했고 성적도 평범했었다. 그러던 어느 날, 그녀는 미국 유학을 감행하게 되었다. 나와 같은 대학을 다녔었는데, 그녀는 외국인 친구들과 영어로 열심히 어울렸다. 모르는 것이 있으면 언제나 질문했다. 죽어라 공부를 하면서도 원어민들과 어울리기를 게을리하지 않았다. 결국 그녀는 학부를 1등으로 졸업했고 컬럼비아 대학원에 진학해 영어를 계속했다. 이제 대학원을 마친 그녀는 갈 수 있는 곳이 많다. 다 영어와 친해졌기에 가능한 일이다. 그녀가 원어민들과 어울려 놀지 않고 책상머리에서 공부만 했다면 지금처럼 영어를 유창하게 구사할 수 있을까? 지금처럼 외국인들을 스스럼없이 상대할 수 있을까? 지금처럼 성공할 수 있었을까?

또 다른 성공 사례가 있다.

나는 대학을 두 곳 다녔다. 미국의 존브라운대학 John Brown University에서 2년간 유학을 하다 향수병이 나서 태국으로 돌아와 그곳의 파얍대학 Payap University을 졸업했다. 이 대학은 영어 연수 코스로 유명한데, 곧바로 영어 수업을 들을 수 없는 학생들을 위한 영어 특화 프로그램이다.

그런데 이 코스의 학생들 대부분은 해외 경험이 처음이었다. 그래서인지 외국 생활을 신기해하며 외국인들과 어울려 클럽도 다녔다. 학교에 모여 공부만 한 것이 아니라 여기저기 다니며 함께 식사도 하고 춤도 추면서 생활 속에서 영어를 경험한 것이다. 그러면서 자연스레 프리토킹을 하고 또 영어를 가르칠 수 있는 수준이 됐다. 또래 외국인 친구들과 영어로 의사소통하며 발음 교정도 받고 회화가 늘었기에 가능한 일이었다.

성공을 위해, 영어 실력의 발전을 위해 할 수 있는 일들을 소개하겠다.

1. 수업 시간에 발표를 많이 해라.

서양 사람들은 영어를 잘 못하는 외국인들에게 너그러운 편이다. 틀려도 노력하면 점수가 되니 주눅 들지 말고 무조건 발표를 많이 해라. 적극적인 자세가 중요하다.

2. 파티가 있으면 꼭 참석해라.

미국의 파티는 사교의 장이다. 예쁜 옷 차려입고 파티에 가서 이런저런 수다를 떨다 보면 자연스레 친구도 많이 생기고 영어 실력도 향상된다.

3. 교수들과 친하게 지내라.

교수들은 이미 학계에서 인정을 받은 분들이다. 그런 분들과 대화를 나누다 보면 자연히 전문적, 학술적인 용어도 많이 알게 된다. 교수들과 친해지면 전공 공부뿐만 아니라 대학원 진학, 사회 진출 등의 진로 상담에도 도움이 된다.

4. 캠퍼스 축제에 꼭 참석해라.

미국에 유학 가면 캠퍼스 일정이 가득 찬 것을 알 수 있을 것이다. 캠퍼스에서 하는 이벤트나 축제에 열심히 참석하다 보면 인맥이 많아질 것이다. 다양한 인맥과 연락을 하다 보면 자연스레 영어를 많이 사용하게 된다.

5. 페이스북Facebook을 해라.

페이스북은 유용한 사교 수단이다. 새로운 친구를 사귈 수도 있고, 그들의 실생활의 문화를 엿볼 수도 있다. 또 서로의 안부를 묻고 답하다 보면 자연스레 영어가 는다. 꼭 페북이 아니어도 외국인들과 이메일이나 문자를 주고받다 보면 줄임말과 은어도 배울 수 있다.

위의 내용은 내가 미국 유학에서 생생하게 경험한 것들이다. 이렇듯 꼭 공부를 해야만 영어가 느는 것은 아니다. 그러니 유학을 가게 되면 방에 꼭 틀어박혀 숙제만 하지 말고 외국인들과 어울리며 영어로 놀아라. 영어 실력이 비약적으로 발전할 것이다.

그렇다면 유학을 안 가거나 못 가는 아이들은 어떻게 해야 하는가? 꼭 유학을 가거나 해외파여야만 성공의 문이 열리는 것은 아니다. 국내에서도 다양한 방법으로 영어와 친해질 수 있다. 여기 국내에서 할 수 있는 활동들을 소개하겠다.

1. 영어 동화책 읽기
요즘 아이들 동화책은 CD와 함께 나오는 시리즈가 많다. 10대라고 해도 어린이 동화책을 CD로 듣고 읽고 하면 자연스레 영어가 귀에 들리게 될 것이다.

2. 영어 캠프 가기
영어 캠프는 여름 방학 때 많이 개최된다. 미국 유학생들이 방학을 맞아 봉사 활동이나 아르바이트로 캠프에서 영어 선생님을 하는 경우가 많다. 영어도 배우고 미국 유학 생활 경험도 들을 수 있는 좋은 기회다. 영어 캠프가 공지되는 방법은 다양하니 언제나 눈과 귀를 열고 찾아보라.

3. 영어 노래 듣기

팝송이나 어린이 영어 노래를 듣고 해석하면 듣기 실력과 영작 실력이 자연스레 좋아진다. 가사를 보면서 따라 불러도 된다. 근래 한창 유행한 노래는 '겨울왕국'의 OST다. 아이들이 너무나도 좋아한다.

4. 영어 일기 쓰기

나는 해외에서 국제학교를 다니며 영어로 일기를 많이 썼다. 선교사 자녀 학교였기에 학교에서 신앙적인 글도 많이 썼다. 그러면서 영어 어휘력과 표현력이 늘었다. 글도 매일 쓰다 보니 빨리 쓸 수 있게 됐다. 영어 일기의 기본 표현을 알려 주는 책이나 사이트를 참고하면 쉽게 시작할 수 있다.

5. 영어 성경 읽기

미국은 기독교 국가다. 성경 용어를 일반적으로도 많이 쓴다. 학교에서 기독교를 가르치지는 않지만, 미국 헌법 자체가 기독교인들의 산물이다. 그래서 영어 성경을 읽어 두는 것이 미국 문화를 이해하는 데 유익하다. 영어 성경에는 다른 책에서 쓰지 않는 단어들이 많이 나온다. 그러니 어린아이들은 어린이 성경을 구입해서 읽는 것이 좋다.

영어로 성공하고 싶다면 영어 공부와 더불어 영어 놀이를 하는 것이 훨씬 효과적이다. 아이들이 놀이로 영어를 접하면 스트레스도 덜하고 자연스레 언어를 익힐 수 있기 때문이다. 영어로 성공한 사람들에게 영어는 일이 아니라 취미였다고 볼 수 있다. 나도 영어 사전을 재미 삼아 읽었고 그저 영어로 노는 것이 즐거웠다. 영어로 게임을 하고 영어 노래를 틀어 놓고 신나게 노는 것이 그렇게 좋을 수 없었다.

영어 놀이를 하는 나만의 비법 또는 원칙을 여기 공개한다.

1. 내가 즐거워야 상대방도 즐겁다.

영어 공부를 하면서 시종일관 행복해하는 사람은 드물다. 하지만 영어 놀이로 아이들에게 다가가면 무지무지 재미있어한다. 선생님이 신나하면 아이들도 신나게 논다.

2. 내가 놀이 전문가가 되어야 아이들이 신뢰한다.

놀이를 하면서 때로는 모르는 단어나 모르는 문법 용어를 접할 수도 있다. 그런데 그럴 때마다 사전을 찾고 인터넷을 검색하면 신뢰가 떨어진다. 아이들과 놀기 전에 혼자 예습을 해라. 영어 놀이를 어떻게 할 것인지 머릿속으로 미리 생각을 해 둬라.

3. 새로울수록 아이들이 흥미로워한다.

같은 단어, 같은 문법을 가르쳐도 신선한 아이디어로 다가가면 아이들이 더욱더 재미있어한다. 평소에 신문, 잡지, 인터넷 등에서 영어 놀이가 될 만한 소재들을 찾아 공부해 두면 놀이에 새로움을 더할 수 있다.

4. 영어 놀이에는 시간제한이 필요하다.

공부를 할 때 시간표를 짜 놓고 하듯이 놀이 시간도 마찬가지다. 아무 때나 시간제한 없이 놀다 보면 아이들이 훈련이 안 된다. 영어 놀이도 엄연히 자기 개발 시간인데, 시간을 정해 놓지 않으면 아이들이 재미있으면 하고 재미없으면 안 하게 된다. 그러니 평소에도 시간을 정해 놓고 하는 것이 옳다.

5. 영어 놀이에는 체력이 중요하다.

'체력이 곧 국력'이라는 말을 들었을 것이다. 아이들이 놀 때 체력이 달려서는 안 된다. 그러니 놀이 시간 중에 쉬는 시간을 두고 간식을 준비해 줘도 좋다.

나는 벌써 13년째 영어 교육에 힘써 왔다. 아이들과 어울려 놀며 아이들이 영어를 정복하도록 돕는 것이 내 즐거움이었다. 다양한 연령대의 수많은 아이들을 만나 봤는데, 처음 만났을 때 그 아이들 대부분은 영어 공부에 짓눌려 신음하고 있었다. 너무너무 안타깝고 불쌍했다. 엉덩이 붙이고 앉아서 외우라고 아무리 주입식 교육을 해도 안 되는 이유는 아이들에게 있는 것이 아니라 교육 방식에 있다.

놀면서 배우면 쉽게 될 일을 공부로만 접근하니 오히려 어렵고 힘들어진다. 아이들이 놀면 어디 덧나는가? 우리 아이가 달라지는 것을 보고 싶다면 아빠, 엄마가 영어 놀이를 공부해야 한다. 아이들에게는 공부를 강요할 게 아니라 같이 영어 놀이를 해 줘라. 내가 보기에 아빠, 엄마는 영어에 시간과 노력을 투자하지 않으면서 아이들에게만 A학점을 강요하는 듯하다.

내게는 아직도 그립고 보고 싶은 아이들이 많다. 함께 영어 놀이로 공부를 하면서 서로 정이 들었기 때문이다. 만약에 그저 앉아서 가르치기만 했다면 그렇게 예쁜 추억들이 만들어지지 않았을 것이다. 함께 뛰놀며 춤추며 소리 지르며 영어를 했기에 지금도 즐거운 기억으로 간직되고 있다.

G라는 아이는 쑥스러움이 많았다. 예쁘게 꾸미는 데는 관심이 많았는데 공부는 젬병이었다. 너무 사랑스러워 가르치기로 했는데, 곧 그 아이가 공부를 싫어한다는 것을 깨달았다. 그래서 그냥

영어로 게임도 하고 노래도 부르면서 놀아 줬다. 그러자 먼저 찾아와 놀아 달라고 할 정도로 아이는 영어에 푹 빠졌다.

이게 영어 놀이의 매력이 아닌가 싶다. 놀이는 시간 낭비가 아니라 삶이다. 사람과 사람 사이에 다리를 만들어 주는 것이 놀이다. 영어 놀이가 영어 습득의 지름길이다. 더 늦기 전에 영어로 놀아라. 아이들이 꼭 성공할 수밖에 없을 것이다.

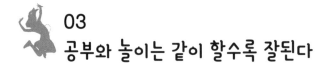

03
공부와 놀이는 같이 할수록 잘된다

유명한 언어학자 촘스키Chomsky에 의하면, 사람이 언어를 획득하는 자질은 생득적이다. 애초에 언어 인지 능력을 가지고 태어난다는 말이다. 그래서 IQ가 아무리 낮더라도 자기 나름으로 문법과 언어를 습득하고 말로 표현할 수 있다는 것이다. 아이들이 엄마 아빠의 말을 들으며 옹알이를 시작하고 누구나 말을 하게 되는 것도 그 때문이다.

그런데 흥미롭게도 나이가 어릴수록 영어를 자연스럽게 받아들이고 자신 있게 사용한다. 어릴수록 춤과 노래와 시를 통해 영어로 놀고, 배우고, 발표하는 데 있어서 거리낌이 없단 말이다. 촘스키에 의하면 아이들의 뇌는 스펀지다. 언어를 습득하는 게 빠르고 자연스럽다. 언어에 노출이 되는 대로 흡수한다. 몬테소리Montessori에 의하면 아이들의 언어 습득 능력은 어른들의 50배에 달한다.

이토록 놀라운 아이들의 언어 습득 능력을 이해했다면, 아이들에게 힘들고 지루하게 주입식 공부만 시키지 말고, 놀이를 통해 자연스럽게 언어를 접하게 해라. 즐거운 만큼 더 큰 효과를 볼 것이다. 즐거우면 빠져들고, 빠져들면 더 원하고, 그렇게 익힌 언어는 쉽게 잊히지 않는다. 공부와 놀이는 같이 할수록 잘되는 법이다.

여기에 공부와 함께 할 수 있는 영어 놀이 몇 가지를 소개하고자 한다.

Jazz Chants 재즈 챈트

뉴욕대학의 ESL프로그램 담당자인 캐롤린 그레이엄 Carolyn Graham 이 창안한 재즈 챈트는, 재즈의 리듬감과 박자감을 이용해 챈트로 쉽게 영어를 익힐 수 있는 방법이다. 단어 위주 재즈 챈트와 문법 위주 재즈 챈트로 나뉘는데, 챈트를 통해 구어 영어의 리듬, 강세, 억양 패턴을 자연스럽게 익힐 수 있다. 시중에 나와 있는 책으로 할 수도 있고, 직접 재즈 챈트를 만들어 볼 수도 있다.

우선 단어 위주 재즈 챈트를 만드는 방법에 대해 말해 보겠다.

★ 단어 위주의 재즈 챈트 만드는 방법 ★

1. 먼저 모두가 관심 있어 하는 주제를 정해라.
   아이들이 좋아하는 주제여야 즐겁게 따라 한다.
   ex.) 자동차(Cars), 춤(Dance), 놀이(Games), …

2. 단어 세 개를 찾아라.

   2음절, 3음절, 그리고 1음절로 된 단어들을 써라.

   ex.) Swallow, Coconuts, Hot

3. 실제 사람들의 말투를 따라 해라. 사람들이 말을 할 때는 줄임말을 많이 쓴다. "What is your name?"이 아니라 "What's your name?"이라고 주로 한다.

예를 들어 이렇게 만들면 된다.

It's hot, it's hot, it's very very hot.

Swallow, swallow, swallow some cool air.

Coconuts, Coconuts, I want to eat some coconuts.

아이들과 함께 큰 소리로 합창하듯 읽어라. 박자를 살려 읽다 보면 단어 실력도 문장 실력도 향상될 것이다.

재즈 챈트는 대화하듯 말을 하는 것이기에 언어 발달에 큰 도움이 된다. 공부하다가 쉬는 시간에 아이들과 함께 만들어 놀면 재미있다.

라임을 살려 시 쓰기

시가 꼭 라임rhyme이 맞아야 하는 것은 아니다. 하지만 영어 단어를 익히며 놀 때에는 라임을 맞추는 게 좋다. 발음을 익히는 데 도움이 되고 단어 실력도 향상되기 때문이다.

우선 라임이 같은 단어들을 찾아보자.
ex) Right   Light   Bright   Height   Kite   Bite   Sight
이 단어들로 시를 하나 만들어 보자.

It's to the right

Where there is light

And it's bright

Look at the height

Of the kite

Take a bite

And see the sight

큰 소리로 읽으며 놀아라. 외워도 좋다.
공부하다가 교과서에 나온 단어들로 시를 지어 놀아도 된다.

To-do List 할 일 노트
해야 할 일을 정리해 두면 빼먹지 않고 하나하나 끝낼 수 있다.
알림장 같은 노트를 영어로 적어 보면 어떨까?

여기에 한 예가 있다.

■ **My To-do List** 나의 할 일 목록

· Study Social Studies 사회 과목 공부

· Revise Mathematics 수학 과목 복습

· Take a break 휴식

· Study English 영어 과목 공부

· Practice solo for Choir 합창단을 위해 솔로 연습

· Complete the History worksheet 역사 문제 풀이

스토리북 놀이

영어책을 읽다 보면 재미있는 이야기들이 많다. 이런 이야기들의 속편을 만들어 보는 것은 어떨까? 예를 들어 로미오와 줄리엣의 이야기를 읽고 그들의 가족들에 대한 이야기를 담은 스토리북을 만들어 봐도 좋다. 아니면 그들이 사실은 죽지 않고 서로 사랑하며 잘 살았다는 식으로 이야기를 바꿔 써도 된다. 짧은 소책자를 만들어 이야기를 영어로 적어 넣고 그림을 그리거나 잡지에서 오려 붙이면 책이 완성된다. 이런 책을 여러 권 만들다 보면 영어 실력이 날로 느는 것을 발견할 수 있을 것이다.

Doodling 낙서 놀이

수업 시간에 많은 아이들이 교과서에 그림을 그린다. 지루하기

때문이다. 심심할 때 교과서에 형형색색의 펜으로 낙서하는 것만큼 재미있는 게 없다. 집에 돌아와 교과서를 펴 보면 온갖 낙서가 보일 것이다. 이럴 때 낙서의 연장선을 만들면 재미있지 않을까?

우선 낙서 노트를 하나 정해라. 그리고 그곳에 오늘 낮에 했던 낙서 캐릭터를 가지고 만화를 만들어라. 단, 대화는 다 영어로 해야 한다. 예쁜 캐릭터들로 만화를 완성하면 가족들에게 보여 줘라. 아마 즐거우면서도 유익한 놀이가 될 것이다.

Dream Diary 꿈 일지

아이들은 자면서 많은 꿈을 꾼다. 아침에 일어나 꿈이 기억날 때도 많다. 흔히 개꿈이라 생각하고 무시해 버리기 십상이지만 꿈은 굉장히 재미있다. 황당할 때도 있고 무서울 때도 있다. 이런 기억들을 일기 형식으로 적어 놓으면 나중에 에세이나 프로젝트를 낼 때 아이디어의 보고가 될 수 있다. 영어로 꿈 일지를 적어 보아라. 가까운 미래에 창의력이 필요한 숙제를 해야 할 때 유용할 것이다.

Topic Essay 주제에 맞는 에세이

교과서로 공부하다 보면 흥미로운 사실들을 접하게 된다. 과학 교과서는 새로운 지식을, 수학 교과서는 재미있는 스토리를 선사한다. 이런저런 공부를 하다가 지치면 관심이 가는 주제를 하나 골라 봐라. 재미있는 주제를 발견하게 되면 그에 대해 5문장 이내의 짧은 글을 써 보아라. 이렇게 놀다 보면 주제에 맞게 짤막한 글로 자신의 생각을 표현할 수 있게 된다.

Second Letter Game 두 번째 글자 게임

이 놀이는 끝말잇기와 비슷하다. 단어의 두 번째 글자를 이어서 또 다른 단어를 만드는 것이다. 이 게임은 시간제한을 두고 해야 재미있다. 공부하다가 심심할 때 교과서 한쪽에 써도 된다.

예를 들자면 이렇게 한다.

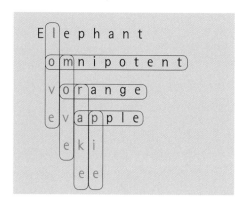

여기서 찾을 수 있는 단어들은 elephant, love, omnipotent, move, orange, rake, apple, pie이다. 가로 세로를 번갈아 가며 바로 앞에 완성한 단어의 두 번째 글자를 새로 만드는 단어의 첫 글자로 삼아 계속해서 단어를 만들어 나가는 놀이다. 이런저런 놀이들을 통해 공부하는 틈틈이 머리를 식혀라. 공부도 놀이도 함께 가는 생활을 하길 바란다.

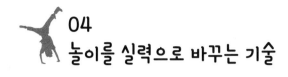

04
놀이를 실력으로 바꾸는 기술

앞에서 계속 말했듯이 영어 놀이에는 많은 장점이 있다. 영어 공부가 영어를 억지로 욱여넣는 것이라면 영어 놀이는 영어가 절로 스며들게 한다. 영어 공부가 인내를 요하는 힘든 여정이라면 영어 놀이는 신나고 재미있고 자꾸 하고 싶다. 그런데 아무리 즐겁게 영어 놀이를 했어도 놀이를 통해 습득한 영어를 기억하지 못한다면 도로 아미타불이다. 기억력은 영어 실력과 성공의 필수 요소다. 놀이를 통해 익힌 영어를 얼마나 기억하느냐가 중요하다. 그렇다면 놀이를 실력으로 바꾸는 기술은 무엇일까? 기억력과 표현력을 길러 주는 방법은 여러 가지가 있다. 아래에서 살펴보자.

스토리텔링 Storytelling
영어 놀이를 한 후 소감을 말하거나 후기를 쓰게 하라.

여기 몇 가지 질문이 있는데 어린아이는 질문에 대답만 해도 된다. 실력이 되는 아이는 이야기 형식으로 말하게 하라.

What did you do today? (오늘은 뭘 했니?)

What did you learn today? (오늘은 뭘 배웠니?)

What did you find the most interesting? (뭐가 제일 흥미로웠니?)

스토리텔링 형식으로 답을 한다면 이렇게 하면 된다.

I fished for colors today. It was very fun. My mom made me a fishing pole and I went fishing for colors. The colors were red, blue, black, yellow, and orange. I learned that colors are easy to learn. I found the shapes of the fish to be the most interesting. They looked like real fish to me.

(나는 오늘 색깔을 낚시했어요. 굉장히 재미있었어요. 엄마가 내게 낚싯대를 만들어 주셨고 나는 색깔을 낚시했어요. 색깔들은 빨강, 파랑, 까망, 노랑, 그리고 주황이었어요. 나는 색깔이 배우기 쉽다는 것을 알았어요. 나는 물고기 모양이 가장 흥미로웠어요. 진짜 물고기처럼 생겼어요.)

독후감 Book Review

책을 읽었으면 꼭 해야 하는 것이 있다. 바로 독후감 쓰기다. 어른들은 바빠서 보통 책을 읽고 말지만, 아이들은 책을 읽고 독후감을 쓰는 것이 필수다. 어른들이 책을 읽고 현실에 적용을 해야 한다면, 아이들은 읽고 기억하는 연습을 하는 것이 좋다. 내용과 교훈을 기억해 둬야 후에 에세이를 쓰든 발표를 하든 써먹을 수 있기 때문이다.

독후감은 5-10문장으로 한다. 너무 길어도 독후감 쓰는 것이 지겨워지기 때문이다. 영어가 너무 어려운 아이들은 3문장만 써도 좋다. 독후감 쓰는 공책을 따로 준비해야 기록이 쌓이게 되고, 또 나중에 읽어 보며 실력이 얼마나 향상됐는지 알 수 있다.

영어 노래방

팝송을 듣고 즐기는 것과 외워 부르는 것은 차원이 다르다. 노래를 외운다는 것은 남의 것을 자기 것으로 소화했다는 것이기 때문이다.

가족들이 노래방 차트에 있는 영어 노래를 1-2곡씩 골라라. 선정된 곡의 가사를 뽑아 노래를 들으면서 외워라. 나중에 노래방에 가서 놀 때 영어 노래 시간을 따로 정해라. 그리고 그동안 외웠던 노래_{팝송}들을 부르면서 재미있게 놀아 봐라. 재미있고 유익한 경험이 될 것이다.

연극 대본 쓰기와 연기하기

연극 대본을 직접 써서 연기를 하는 것도 좋다. 대본을 쓸 수 있다는 것은 영어 실력이 상당한 수준에 도달했다는 것이기 때문이다.

연극 대본을 한 페이지 정도 직접 써 보아라. 캐릭터도, 무대도, 의상도 모두 다 자신이 직접 준비해라. 그리고 가족 앞에서 형제

혹은 친구들과 함께 연기를 해라. 실력도 키우고 자신감도 키울 수 있는 기회다.

선생님 놀이 - 직접 가르쳐 보기

배웠는데 잊었다면 공부 시간을 낭비한 것이다. 영어 놀이를 통해 새로운 문법이나 단어를 익혔으면 한번 선생님이 되어 다른 사람에게 가르쳐 봐라. 진짜 선생님처럼 자료_{파워포인트, 포스터, 노래 등}를 준비해서 가르쳐라. 준비하고 가르치는 과정을 통해 스스로 정리가 된다. 배운 내용을 복습하고 기억할 수 있는 아주 좋은 기회다.

파워포인트 만들기

파워포인트Power Point로 자료를 정리하는 법을 알아두면 나중에 학교에서나 회사에서 유용하다. 영어 놀이로 자주 파워포인트를 가지고 놀다 보면 언젠가는 연습이 쌓여서 실력이 될 것이다. 미국 프레젠테이션의 대부분은 파워포인트를 이용한다.

많은 유학생들이 전달하고 싶은 말을 다 파워포인트에 담는다. 이것은 잘못된 프레젠테이션 방식이다. 귀에 들리는 말과 파워포인트에 쓰인 내용이 같을 경우, 청중은 더 이상 프레젠테이션에 집중하지 않게 된다.

파워포인트를 자주 사용하는 사람들은 핵심 메시지만 간단하게 적고 연관되는 그림이나 사진을 곁들이는 것이 일반적이다. 예를 들어 역사에 대해 프레젠테이션을 한다면 역사 이야기를 모조리 다 적는 것이 아니고, 발표 중에 할 말이 쉽게 생각날 수 있도록 페이지 속에 자신만의 힌트를 숨겨 놓는다. 그리고 말을 매끄럽게 다듬기 위해 몇 번 연습을 한다. 사람들이 집중할 수 있도록 말과 파워포인트 페이지가 척척 맞아떨어져야 하기 때문이다.

★ 파워포인트를 쓸 때 유의할 점 ★

1. 글을 너무 많이 쓰지 말라.
2. 그림과 사진을 많이 넣어라.
3. 한 슬라이드를 너무 오래 보여 주지 말라.
4. 10분가량의 프레젠테이션에 15-20개의 슬라이드가 적당하다.
   1시간가량의 프레젠테이션은 40-50개까지가 적당하다.

스피치 암송하기

영어를 유창하게 하게 되면 사람들 앞에서 말할 기회가 많이 생긴다. 일명 '스피치'를 많이 하게 되는데, 대통령도 연설Speech을 외워서 할 정도로 스피치 암송은 전통이 깊다.

유명한 스피치를 외워 보아라.

마틴 루터 킹의 연설도 좋고 버락 오바마의 연설도 좋다. 외워서 가족들 앞에서 발표를 해 보아라. 단순히 영어를 잘하는 정도가 아니라 발표의 대가가 될 수 있을 것이다.

셰익스피어 외우기

셰익스피어에 대한 상식은 영어를 하는 사람들의 기본이다. 셰익스피어의 유명한 연극들의 대사를 한두 개 정도 외워 두는 것은 영문화권에 대한 예의다. '햄릿Hamlet', '로미오와 줄리엣Romeo and Juliet', 그리고 '맥베스Macbeth'의 구절들을 추천한다. 성경 구절 외우듯이 외우다 보면 재미있는 경험도 되고 영문화권에 대한 이해도 높아질 것이다.

뮤지컬 노래 부르기

영문화권의 중심에는 문학과 음악이 있다. 특히 미국은 뮤지컬로 유명하다. 오페라가 독일과 이탈리아의 자랑스러운 문화라면, 뮤지컬은 엄연히 미국이 자랑하는 문화다. '캣츠Cats', '마이 페어 레이디My Fair Lady', 그리고 '지붕 위의 바이올린Fiddler on the Roof'은 미국 뮤지컬 역사의 중심에 서 있다.

이런 유명한 뮤지컬에 나오는 노래를 하나 외워 가족들 앞에서 발표를 하면 영어 실력을 뽐낼 수 있다. 장기 자랑 같은 데서도 유용할 것이다.

성경 읽기와 성경 일기

미국 학교에서는 성경을 가르치지 않는다. 하지만 미국에서 자라면 자연스레 성경 이야기를 접하게 된다. 한국에서 자라는 아이들이 미국 문화의 기본인 기독교에 대한 이해력을 높이려면 성경을 읽어야 한다.

영어 성경을 읽었으면 어떻게 어려운 구절들을 소화해 낼까? 바로 일기를 통해서다. 영어 성경을 한 페이지씩 읽고 이에 대한 생각이나 느낀 점을 영어로 적어 보아라. 기억력도 향상시키고 영어 실력도 갈고 닦을 수 있는 좋은 방법이다.

어렸을 때부터 다양한 영어 놀이를 통해 영어 실력을 키운 나는 2013년도에 TESOL 자격증을 땄다. 이 자격증을 따기 위해 실습을 할 때 수업 내용부터 자료까지 다 스스로 준비해야 했는데, 남들보다 쉽게 해낼 수 있었던 것은 영어 놀이의 경험이 다양하고 풍부했기 때문이다. 원어민들과 어울려 재미있게 놀며 자랐기 때문에 굳이 재미있게 가르치려고 노력하지 않아도 절로 재미있게 가르칠 수 있었다.

영어 놀이의 기본은 즐거움이다. 아이들이 스스로 자꾸 하고 싶어 할 정도로 놀이에 심취해야 한다. 그러려면 놀이가 재미있어야 한다. 게임, 노래, 연극, 발표를 통해 영어에 다가가는 이유다.

국내 1세대 스타 영어 강사인 박현영을 아마 알고 있을 것이다. 박현영은 우리나라 '싱글리시'의 시조다. 싱글리시는 한국어 동요를 영어로 번역해서 부르는 것인데 이 작업이 생각보다 어렵다. 음률과 가사의 의미를 맞춰야 하기 때문이다. 그런데 이런 작업을 한 이유는 자신의 아이의 영어 실력을 향상시키기 위해서였다. 아이가 영어로 우리나라 동요를 몇 번 부르더니 가사의 문법을 실생활에 적용하기 시작했다. 이런 작은 기적들이 무수히 일어나게 하려면 영어 놀이를 진정한 영어 실력으로 향상시키는 노력을 멈추지 말아야 한다.

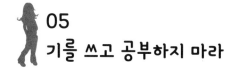

05
기를 쓰고 공부하지 마라

왁자지껄하던 아이들이 조용해졌다. 나를 호기심 어린 시선으로 바라보는 아이들을 둘러보며 나는 슬슬 수업을 시작했다. 영어 초보인 3학년생들에게 나는 준비한 대로 조동사를 가르쳤다. 아이들이 처음에는 무척 수줍어하더니 영어 노래를 부를 시간이 되자 유창하게 따라 불렀다. 발음이 어색하지 않은 것을 보니 그동안 원어민 선생님에게 배운 보람이 있는 듯했다.

나는 이번 주부터 한 외국어 학원에서 근무를 시작했다. 학원이라기보다 학교 같은 이 공간에서 나는 또다시 영어 교육과 놀이를 전수하려고 달음박질을 한다. 1주일 동안 수많은 아이들을 접했는데 그들의 영어 배경은 다양했다. 띄어쓰기 자체를 모르는 아이부터 영어로 술술 에세이를 쓰는 아이까지 실력도 천차만별이었다.

그런데 이 학원의 장점이 하나 있다. 바로 아이들을 혹사시키지 않고 자연스럽게 영어를 이끌어 낸다는 점이다. 대부분의 어학원에서는 빠듯한 스케줄로 아이들을 들볶는다. 하지만 이 학원에서는 다소 자유로운 분위기 속에서 미국식 정규 수업을 모방하여 아이들을 가르친다. 때로는 영어 놀이를 하면서 말이다.

예를 들어, 유창한 발음의 한국인 강사가 진행하는 수업을 참관했는데 그 선생님은 아이들에게 딱딱한 교과서의 내용을 있는 그대로 전하지 않았다.

모차르트와 그의 음악에 관한 수업이었는데, 처음에 모차르트의 클래식 음악을 들려주다가 이어서 아이들에게 영어로 질문을 하기 시작했다. 이렇게 하는 데는 재미있는 비밀이 숨겨져 있다. 청각을 자극하는 소리는 결국 뇌에 자극을 주고 뇌 개발에 도움이 된다. 또 아이들에게 아름다운 곡조를 들려주면서 호기심도 자극하게 된다.

내 수업에도 노래와 음악을 많이 활용했는데, 그중의 하나가 바로 '뮤지컬 체어스Musical chairs'다. 자세한 내용은 아래에서 다른 놀이들과 함께 소개하겠다. 1주일간의 짧은 시간이지만 나는 아이들과 어울려 많은 영어 놀이를 하며 그들을 가르쳤다. 이 아이들이 앞으로 나에게 배우면서 느끼게 될 점이 있다. 기를 쓰고 공부할 필요가 전혀 없다는 것이다. 다양하고 재미있는 영어 놀이들로도 충분히 공부 이상의 효과를 얻을 수 있다는 것이다.

우선 지난 한 주간의 놀이들을 정리해 보고자 한다.

뮤지컬 체어스Musical chairs

뮤지컬 체어스는 음악을 활용한 영어 공부이자 영어 놀이다. 영어 가사가 들어간 음악을 틀어 놓고 노래를 따라 부르며 빙글빙글 돌다가 음악이 끝나면_{또는 진행자가 음악을 끊으면} 재빨리 자리를 찾아 앉는 것이다. 자리에 앉지 못하면 탈락이다. 방송에서도 많이 애용되는 게임이다.

나도 이 방식으로 수업을 진행해 보았다. 우선 조동사가 들어간 노래를 가르쳤다. 그리고 뮤지컬 체어스를 준비했다. 시간상 게임까지는 못했지만 노래 하나만으로 23개의 어려운 조동사를 가르칠 수 있었다. 멜로디가 익숙한 징글벨 음악에 맞춰서 부르니까 아이들이 금방 배운다. 노랫말은 인터넷에서 찾았는데 이렇다.

> Helping verbs, Helping verbs
>
> There are 23
>
> Am, is, are
>
> Was and were
>
> Being, been, and be
>
> Have, has, had
>
> Do, does, did
>
> Shall, will, should and would
>
> There are 5 more helping verbs
>
> May, might, must, can, could.

Dialogue대화 놀이

아이들은 영어로 말하기를 대체로 꺼려 한다. 간혹 소심한 성격 탓이기도 하지만, 대부분은 영어 단어가 달리기 때문이다. 이럴 때는 영어로 대화를 나눌 수 있는 환경을 조성해 줘야 한다. 딱딱한 영어로 된 에세이를 읽는 것보다 대화 형식의 영어를 자주 접하면 어느새 여러 가지 표현들에 익숙해진다.

나는 아이들에게 인터넷에서 찾은 대화 놀이나 내가 직접 쓴 대화 놀이를 나눠 줬다. 영어 표현이나 단어의 난이도는 아이들의 수준에 따라 달리했다. 여기서 관건은 재미보다는 아이들이 대화식 영어 표현법에 얼마나 익숙해지는가이다. 그래서 나는 아이들에게 서로 프린트물을 읽으면서 대화를 나누게 했다. 그리고 배운 표현들을 어느 정도 익히면 그것에 자기의 경험이나 생각의 살을 덧붙여 대화를 나누도록 유도했다.

미술 놀이

그림을 그리면 뇌가 자극을 받는다. 글자도 일종의 그림이라 볼 수 있는데, 어떤 그림이 무슨 의미를 가지는지를 사회가 함께 약속했을 뿐이다. 그래서 어린아이들에게 영어를 가르칠 때는 그림을 활용하는 것이 좋다. 그림과 글씨가 어우러지는 것이 눈으로 보고, 뇌에 입력하고, 머릿속에 기억하기에 더 좋다.

영어 노래

영어로 재즈 챈트를 해 봤다면 박자가 어떻게 기억력을 향상시키는지 깨달았을 것이다. 아이들을 가르치면서 노래를 만들어도 좋다. 팝송을 듣는 것도 단어와 표현력 향상에 좋지만, 직접 만든 노래로 필요한 내용을 전달하는 것이 주입식 교육보다 효율적이다.

상상력 놀이

아이들에게 찰흙이나 만들기 재료를 주고 아무거나 만들어 보라고 하는 것도 상상력 발달에 좋다. 자유롭게 만들고 나서 무엇을 만들었는지 영어로 설명하라고 하면, 만들었던 순서와 촉감이 언어와 함께 뇌에 입력된다. 그래서 나중에 자신이 영어로 뭐라 말했는지 기억하기가 더 쉬워진다.

주사위 놀이

아이들은 먼저 발표하기를 꺼린다. 먼저 하면 더 떨릴 뿐만 아니라 남을 보고 따라 할 수도 없기 때문이다. 이럴 때 주사위를 던져 발표 순서를 결정하면 재미도 있고 긴장도 풀린다. 단, 영어 놀이니까 주사위 숫자의 콜을 영어로 하게 해라.

Fill-in-the-blank 빈칸 채우기

처음부터 무턱대고 어려운 문장을 구사하라고 하면 아이들이 힘들어할 수밖에 없다. 이럴 때 문장을 거의 완성해 놓고 빈칸만 채우게 하면 아이들이 덜 어려워한다. 그리고 예문을 통해 새로운 문장 구성법도 배울 수 있게 된다. 예를 들어 이런 문장들을 만들면 된다.

> Sam likes to _____.
> Mary loves working at _____.
> I love listening to _____.

이런 간단한 빈칸 문제들을 풀다 보면 첫 번째 문장의 빈칸에는 동사가, 두 번째와 세 번째 빈칸에는 명사가 들어가야 말이 된다는 것을 자연스럽게 익히게 된다. 나아가 첫 문장의 to와 세 번째 문장의 to가 쓰임이 다르다는 것도 알게 된다.

Multiple Choice 객관식 놀이

위의 빈칸 채우기를 하는 것조차 어려움을 겪는 아이들이 있다. 영어 실력이 초급일수록 아이들이 힘들어한다. 그럴 때는 아래의 예문처럼 선택지를 주고 내용에 맞는 걸 고르게 하면 된다.

> Sam likes to (dance, eat, watch movies).
> Mary loves working at (the factory, the mall, the restaurant).
> I love listening to (a capella, jazz, K-pop).

처음에는 어느 것을 넣어도 문장이 성립하는 선택지들을 주고 그중에서 내용이 맞는 것을 고르게 하고, 조금 익숙해지면 명사, 동사, 형용사 등 다른 품사들로 구성된 선택지를 주고 어법적으로 맞는 것을 고르게 하면 된다. 이렇게 선택권을 좁혀 주면 아이들이 문장을 좀 더 쉽고 정확하게 만들 수 있다.

이런저런 영어 놀이들로 첫 일주일을 보냈다. 어려운 단어와 문법들을 아이들이 더 쉽고 즐겁게 익히게 하려면 때로는 많은 고민이 필요하다. 내가 조금만 더 신경을 써서 수업을 준비하면 그만큼 아이들이 더 쉽고 재미있게 영어를 익힐 수 있다.

시험도 일종의 놀이가 될 수 있다. 아이들이 어릴수록 주의를 기울이지 않아 잊기 쉽기 때문에 기억력을 향상시키는 간단한 시험을 자주 볼 필요가 있다. 받아쓰기를 해도 되고 뜻풀이를 해도 된다. 단어의 첫 글자를 알려 줘도 된다. 다양한 방법으로 영어 능력을 발전시켜 주면 된다.

여기서 기억력을 향상시키는 놀이를 몇 가지 소개한다.

단어 거꾸로 쓰기

단어의 철자를 기억한다면 거꾸로 써도 틀리지 않을 수 있다. 물론 시간은 조금 더 걸리겠지만, 기억을 더듬으며 놀다 보면 재미도 있고 영어 실력도 는다.

종이 사전 놀이

요즘은 전자사전을 많이들 쓴다. 그런데 종이 사전을 쓰는 것이 기억력을 향상시키는 데는 더 도움이 된다. 이유는 뻔하다. 알파벳 순서로 단어를 찾다 보면 뜻뿐만 아니라 철자도 자연스럽게 외워지기 때문이다. 또 종이 사전에서 단어가 기술된 위치의 시각 정보가 그 단어를 기억하는 데 도움이 되기 때문이다.

영어 놀이는 하나의 교육 철학이다. 아이들의 연령대와 언어 습득 능력에 맞춰 놀아 주다 보면 아이들도 영어를 좋아하게 된다. 어떤 학부모들은 수업이 너무 알맹이 없이 재미 위주로 흐를까 봐 걱정한다. 하지만 영어 놀이도 엄연히 하나의 교육법이다. 그냥 노는 것과 교육 철학을 담은 놀이를 하는 것은 차원이 다르다. 아이들에게 힘이 되는 놀이를 가르쳐 주다 보면 아이들이 어느새 많이 성장해 있는 것을 느낄 것이다. 영어 교육은 영어 놀이와 함께 가야 한다.

06
놀이의 성공 여부는 관심에서 결정된다

연예인, 용돈, 화장, 성적.

위 단어들의 공통점은 무엇일까? 바로 관심사다. 요즘 아이들의 관심사를 보면 시간이 아깝다는 생각이 많이 든다. 미래의 꿈을 위해 투자하기보다 눈앞에 보이는 것에만 급급한 것이 참 안타깝다.

그런데 지금이나 앞으로나 아이들의 인생에서 중요한 자리를 차지할 과목이 있다. 바로 영어다. 이렇게 중차대한 과제인 영어를 놀이를 통해 성공적으로 배우게 하자는 발상에서 이 책을 집필하게 됐다. 이 장에서 한 가지 팁을 더하고자 한다. 영어 놀이가 성공하기 위해서는 무엇보다도 '관심'이 필요하다. 아니, 어쩌면 당연한 것 아닌가? 무엇을 하든 간에 관심을 갖고 열심히 해야 이룰 수 있는 것 아닌가?

아니다. 내가 말하는 관심은 '흥'이다. 흥겹게 놀아야 진정으로 즐기게 되고 자꾸 하고 싶지, 백날 말로만 '나는 영어에 관심이 있다'고 지겹도록 노래를 불러 봐야 소용없다. 또 관심이라는 이름하에 억지 노력을 강요하는 것도 길게 봐서 도움이 안 된다. 특히나 유아 영어, 어린이 영어에서는 '흥'이 가장 중요하다.

여기에 흥겹게 영어 놀이를 할 수 있는 방법들을 소개한다.

'북치고 장구 치고' 놀이 Playing the Drums

사람은 소리에 민감하다. 특히 영유아는 더 그렇다. 어린아이들에게 누르면 소리가 나는 영어책을 구입해 놀게 하는 것도 유익하다. 나의 경우는 6개월 된 아이를 위해 Applebee에서 나온 책을 구입해 쓰고 있다. 버튼을 살짝 스치기만 해도 영어 노래나 이야기가 나와 아이가 아주 즐거워한다. 가끔 안겨서 다리를 흔들며 춤을 추기도 한다.

동물 가면 놀이 Mask Play

동물 가면을 꼭 구입할 필요는 없다. 집에 있는 적당한 재료들로 동물 가면을 만들어 영어로 동물 소리를 내 보는 것도 재미있다. 동물 가면 만드는 방법이나 동물들의 소리를 영어로 어떻게 표현하는지는 인터넷을 찾아보면 된다. 중요한 것은 놀이를 즐기며 동물 소리 영어 표현을 정확하게 익히는 것이다. 여기에 몇 가지 동물 소리들을 소개한다.

Animals	Sounds
Bee	Buzz
Bird	Tweet, Chirp
Cat	Meow, Mew, Purr
Cow	Moo
Dog	Woof, Bow-wow, Arf
Donkey	Hee-haw
Dove	Coo
Duck	Quack
Elephant	Pawooo
Frog	Ribbit
Hen	Cluck
Horse	Neigh
Mouse	Squeak
Owl	Whoo, Tu-whit tu-whoo
Pig	Oink
Rooster	Cock-a-doodle-doo
Sheep	Baa
Snake	Hiss

찢기 놀이 Ripping Play

잡지나 헌책을 모아 두면 유용한 영어 놀이 재료가 될 수 있다. 공부하며 쌓인 스트레스를 헌책을 찢으면서 푸는 것도 꽤 재미있다. 그렇다고 무턱대고 찢기만 하는 것이 아니다. 주제가 있는 찢기 놀이를 하면 스트레스도 풀고 영어 실력도 늘고 일석이조다.

예를 들어 '음식'을 주제로 정했다면, 두 팀이 헌책 또는 잡지에서 음식과 관련된 단어나 이미지를 찾아 찢어 내는 경쟁을 한다. 정해진 시간 안에 음식 관련 단어나 이미지를 더 많이 찢어 낸 팀이 이긴다. 이긴 사람은 자신이 찢은 그림이나 문구 중 5개를 골라 영어로 설명하면 된다. 아래의 예처럼 하면 된다.

• 찢어 낸 단어들 : pizza, restaurant, waiters, lunch, noodles
• 영어 설명 예문 :
I like to eat pizza.
This is my favorite restaurant.
The waiters are friendly but the food is bad.
I ate lunch here.
The noodles are spicy.

INTERESTING 놀이

영어로 '관심을 끄는, 흥미로운'이라는 뜻인 'interesting'에서 한 글자씩 따서 자신의 관심사를 표현하는 11개의 단어를 만들면 된다. 예를 들어 Internet, Niagara Falls, Tiger, England, Recipe, Electronic Vehicle, Sports, TV stars, Ice hockey, Newsman, Geography 이런 식으로 만들면 된다.

5초 놀이 Five Seconds

첫째, 5초 안에 자신이 좋아하는 관심 분야를 생각해 낸다.

ex.) Clothes, Song, Game, Soccer

둘째, 5초 안에 그것에 관한 랩을 만든다.

ex.) Clothes, clothes, love my clothing!

셋째, 5초 안에 랩을 한다.

에세이 모노폴리 Essay Monopoly

우선 칠판에 동그라미를 크게 그리고 원 안에다 피자 자르듯 선을 그은 다음 각각의 부채꼴 안에 관심사를 하나씩 적어 넣어라. 그리고 작은 모래주머니를 몇 개 준비하여 겉에다 200, 300, 400, 500의 숫자를 각각 써라.

집에 모노폴리 보드게임 세트가 없다면 문구점에서 하나 구입해라. 재산을 구입하는 원래의 게임 룰과는 약간 달리, 주사위를 던져 말이 멈출 때마다 랜덤으로 모래주머니를 집어 칠판에 적힌 관심사들 중 원하는 곳을 향해 던져라. 모래주머니가 적중되면 점수를 적어 두었다가 한 라운드가 끝나면 각 관심사별로 점수를 합산해라. 그런 후 점수가 높은 순서대로 100점당 한 문장씩 에세이를 만들어라. 이 놀이는 제한된 분량 내에서 하나의 주제를 완결하는 에세이 쓰기 훈련에 도움이 된다. 예를 들면 이렇다.

• 관심사별 점수

Sports 1000   Food 500   Music 400

Technology 400   Education 300

• 관심사 에세이

My favorite sport is basketball. I love to watch soccer as well. Football is a violent game. Rugby is a little better. I really don't like to play sports, but I like to watch. I like to watch soccer on TV. I also like to play half an hour to an hour of basketball from time to time. As for rugby, I'm not exactly fond of. It's too exciting for me. Overall, I love to watch sports rather than play them.

As for food, I'm interested in Italian food. I've tried German food too, but I like the taste of Italian dishes better. I also like American food. Not that there are any really good original American dishes. I like hamburgers and hotdogs.

Music is another field I'm really interested in. I like Mozart and Beethoven. I also like Adelle, and Ne-Yo. Vanessa Carlton is another favorite.

As for my interest in Technology, it's very little to nonexistent. I don't even own a watch. I walk everywhere all the time. Even when I walk my dog, I don't bring a cell phone that I can use to contact my wife.

I never really went to college. When I left highschool, I started working at a local restaurant right away. My education stopped way too early.

신문 기사 게임 Newspaper Game

우선 참가자 수에 맞게 각자의 관심사에 따라 서로 내용이 다른 영어 신문 기사를 프린트한다. 그리고 1분 동안 자신의 기사에서 모르는 단어들에 동그라미를 친 다음, 각자 자기 기사의 토픽에 대해 아는 단어들만 이용해 설명을 한다. 단, 기사의 수준이 너무 높으면 설명은커녕 내용을 모를 수도 있으니 문장의 난이도를 잘 선별해라. 1차 설명을 마친 후, 모르는 단어들을 사전에서 찾아봐라. 그리고 이번에는 새로 알게 된 단어들까지 사용하여 기사를 보지 않고 내용을 설명해라. 내용 요약, 어휘력, 표현력을 기를 수 있는 놀이다.

관심사 추측 게임

종이에다 음악, 요리, 패션 등 각자의 관심사를 한 단어로 적은 후 글자가 보이지 않게 뒤집어서 모자 속에 담아라. 한 명씩 눈을 감고 관심사가 적힌 종이를 제비뽑기한 후 보지 말고 이마에 붙여라. 그런 다음 이마에 붙인 관심사가 무엇일지 추측해서 말해 보아라. 가장 짧은 시간 안에 맞히는 사람이 이긴다. 게임이 끝나면 한 사람씩 돌아가며 각자 자신의 관심사에 대해 영어로 말해 보아라.

영어를 잘하려면 영어 놀이를 생활화해야 하고, 놀이를 성공시키려면 다음의 세 가지 요소가 필요하다.

첫째, 아이들의 공통적인 관심이 필요하다. 아무리 놀이가 흥미롭고 재미있어도 각자 하고 싶은 놀이가 다르면 어떡하겠는가? 아이들의 관심을 모을 수 있는 제비뽑기나 '눈 감고 고르기' 등으로 흥미진진하고 민주적이게 놀이의 시작을 여는 것이 중요하다.

둘째, 엄마의 자발적인 참여가 필요하다. 아이들이 워낙 많아 엄마의 참여를 원치 않는 경우를 제외하고는 엄마가 적극적으로 놀이에 뛰어들어야 한다. 놀이를 통해 아이는 부모와의 안정적인 유대감을 경험하게 되고, 영어 놀이가 일회성이 아니라 언제나 엄마와 함께 할 수 있는 활동이라는 인식을 갖게 된다.

셋째, 놀이의 시작과 끝맺음이 분명해야 한다. 아무리 즐거운 놀이라도 시도 때도 없이 하면 참여자가 모두 지치기 때문이다. 아주 어린 아이에게는 모래시계를 보여 주며 놀아도 되고, 좀 큰 아이에게는 시간 개념을 설명해 주며 예를 들어 "시계의 긴 침이 4(20분)에 갈 때까지" 놀이를 진행해도 좋다.

왜 관심이 가는 놀이가 더 성공적일까? 자신이 관심을 갖는 것일수록 더 몰입하고 더 많이 기억하기 때문이다. 그렇다. 이제는 흥미 없는 영어 강의 주제들을 훌훌 벗어던지고, 흥미로운 영어 놀이에 몸과 마음을 던져 보자. 아자!

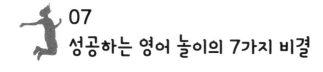

07
성공하는 영어 놀이의 7가지 비결

스티븐 코비가 쓴 《성공하는 사람들의 7가지 습관》은 들어 봤어도 '성공하는 영어 놀이의 7가지 비결'은 대부분의 사람들에게 생소할 것이다. 그럴 수밖에 없다. 이 책을 읽는 독자들을 위해 나만의 노하우를 정리한 것이기 때문이다. 아니, 노하우 정도가 아니라 영어 정복을 위해 내가 달려온 길의 7계명이라 할 수 있다.

1. 혼잣말을 많이 하라.

모든 사람이 처음부터 미국 문화에 익숙하거나 외향적이지는 않을 것이다. 그럼에도 불구하고 영어를 잘 하려면 무조건 많이 사용해야 한다. 언어는 자주 사용하고 안 하고의 차이가 크기 때문이다. 그래서 나 같은 경우는 영어로 혼잣말을 많이 했다. 주로 성경 구절이나 셰익스피어를 암송해서 중얼거리고 다녔다.

2. 거울을 자주 보라.

아무리 요즘 들어 발음을 중요시하지 않는다 해도 의사소통할 때 발음이 샌다거나 침을 튀기며 말을 하면 실례가 되지 않겠는가? 나는 정확한 발음을 위해 치아 교정을 생각할 정도로 영어에 매달렸다.

우선 거울을 보고 입 운동으로 "아, 에, 이, 오, 우"를 발음하며 입과 치아 모양을 확인하라. 그리고 책을 펴서 스무 장 정도를 거울을 보며 정확한 발음으로 소리 내어 읽어라. 입 운동을 할 때처럼 입 모양이 정확하게 움직이는지 발음은 정확한지 의식적으로 확인하며 교정하라.

3. 혀 운동을 하라.

언어학을 배우면 혀가 입 안에서 움직이는 모양에 따라 소리가 다르게 나는 것을 알게 된다. 혀가 이에 닿을 때 혹은 천장에 닿을 때 나는 소리가 제각각이다. 원어민이 아닌 사람들에게는 "th" 발음이 가장 큰 관건인데, 혀가 윗니에 잠깐 닿는다고 생각하면 된다. 많은 한국인들이 "th"를 "d"라고 발음해서 창피를 당하곤 하는데, 처음 발음을 배울 때 정확한 입 모양과 혀의 위치를 익히고, 평소에 혀를 운동해 두는 게 좋다. b/v, p/f, l/r, j/z 발음도 이런 방법으로 교정할 수 있다.

4. 스피드 게임을 하라.

매일 영어를 사용할 수 있는 기회가 있다면 좋지만, 그렇지 않다면 따로 연습을 해야 한다. 짧은 성경 구절이나 명언을 집 안 곳곳에 붙여 놓고 눈에 띌 때마다 읽어라. 처음에는 천천히 정확히 읽어라. 하지만 시간이 지날수록 읽는 속도를 높여라. 영어에서 스피드는 생명이다. 학교에서는 공부를 못하는 학생들을 배려해서 천천히 읽으라고 한다. 하지만 실생활에서는 모두들 빨리빨리 말하고 그렇게 읽는다. TV 아나운서들도 노래하듯이 재잘거린다. 원어민의 속도에 적응하려면 스피드 게임을 통해 속도를 높여야 한다.

5. 영어 노래 놀이를 하라.

영어 노래 놀이는 재미있고 쉽다. 우선 아주 외우기 쉬운 영어 노래를 하나 골라라. 나는 음치 박치라 누구나 아는 생일 축하 노래를 고르겠다. 그런 후 가사를 바꿔라. 원래의 음에 다른 가사로 장난을 치다 보면, 어느새 창의성도 키우고 즐겁게 영어로 노는 자신을 발견하게 될 것이다.

All the time in the world, all the time in the world

All the time in the world. Do I have for you, boy(girl).

(나는 너를 위해 세상의 모든 시간을 가졌단다.)

6. 자리와 자세를 바꿔 가며 연습하라.

나는 내성적이다. 그런데도 적극적으로 영어를 구사할 수 있는 것은 나름의 피나는 노력이 있었기 때문이다. 예를 들어 스피치나 프레젠테이션 전날이면 나는 연습을 하느라 잠을 거의 자지 못한다. 자리를 바꿔 가며 누워서도, 앉아서도, 서서도 연습을 한다. 이유는? 바로 '촉각 학습tactile learning'이라는 개념 때문이다. 이 학습 방식의 특징은 영어를 몸으로 익힌다는 데 있다. 외우거나 연습했던 것들이 기억나게 하려면, 한 공간에서 한 자세로 가만히 발표 준비를 하는 것보다 공간과 자세를 바꿔 가며 움직여 주는 것이 더 효과적이다. 그렇게 하면 뇌가 지루해지지 않고 주의가 새롭게 환기되기 때문이다. 또, 우리 몸은 우리가 어떤 행동을 보일 때 어떤 말을 했는지를 기억하기 때문이다.

7. 하루 일과를 영어로 녹음하라.

초등학교 4학년 때 'etc.'라는 줄임말의 발음을 몰라 망신을 당한 적이 있다. 'et cetera'가 원래 단어인데, 주로 줄임말로 표기하기에 원단어를 접해 본 적이 없어 뜻을 알면서도 발음을 몰랐던 것이다.

이처럼 평소에 글로 쓰는 단어라도 발음을 모르는 경우가 있을 수 있다. 이런 실수를 피하고 영어를 유창하게 구사하기 위해서는 평소에 음성 일기를 녹음하는 게 좋다. 요즘 스마트폰에 다 녹음

기능이 있지 않은가? 하루 일과를 마치고 일기 형식으로 자신의 목소리를 1분가량 녹음해 봐라. 목소리가 생각보다 작을 수도 있고 발음 교정이 필요할 수도 있다. 때로는 아는 단어인데 말로는 할 줄 모르는 경우도 있다. 음성 일기를 녹음하다 보면 이런 부족한 부분을 스스로 발견해 교정할 수 있다.

나 역시도 학교에서 영어 때문에 놀림도 받고 스트레스도 받고 하면서 성장했다. 하지만 생활 속에서 꾸준히 영어 놀이를 즐기며 실력을 갈고 닦았다. 고등학교 때는 다른 사람들이 영어 과목을 한 개 들을 때 나는 한 번에 두 개British Literature, AP English를 욕심껏 들었다. AP English는 대학 정규 과목인데 고등학교 때 시험을 치면 대학교 때 과목 수강을 면제받는다. 결국 나는 이 시험을 가장 높은 점수인 5로 패스했다. 원어민 동급생의 점수가 3에 그쳤는데, 내가 비원어민으로서 최고점을 받았으니 굉장히 뿌듯했다.

여러 방법으로 공부도 했지만 내게 영어 습득의 중심은 놀이였고, 또 영어 놀이의 요체는 재미였다. 영어를 놀이 없이 공부로만 한다면 지칠 뿐이다.

영어권이 아닌 나라에 살고 있는가? 유학을 준비하고 있기는 한데 실력이 턱없이 부족하다고 느껴지는가? 어린아이의 마음으로 돌아가서 신나게 영어 놀이를 시도해 보아라. 우리 아이들에게 필요한 영어는 콤비네이션 피자와 같다. 교과서가 피자 크러스트pizza crust라면 안의 내용물은 영어 놀이로 채워라.

그리고 여기 일곱 가지 비법에는 언급하지 않았지만 앞서 말했듯이 미디어를 이용해 영어를 익히는 것도 좋다. 오디오도 듣고 비디오도 보고 하다 보면 자연스레 영어가 친숙해질 것이다.

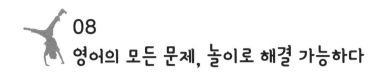

08
영어의 모든 문제, 놀이로 해결 가능하다

　뉴시스 신문에 따르면 2015년 라면 시장은 농심이 싹쓸이했다. 더 이상 커질 수 없을 것 같았던 라면 시장에 새로운 열풍을 몰고 온 것이다. 농심은 기존에 없던 틈새시장niche market을 노렸다. 사람들이 새해라고 신라면을 더 많이 사지는 않겠지만, 숨어 있는 욕구를 충족시켜 주는 특별한 상품이라면 구입할 것이라고 판단했다. 그래서 기존에 없던 중화요리 제품을 개발해 라면 시장의 돌파구를 찾은 것이다.

　영어 학습도 마찬가지다. 우리나라의 영어 교육 시장은 실로 포화 상태다. 학습지, 학원, 사교육에 종사하는 강사 모두 넘쳐 난다. 하지만 많은 학부모들이 우리 아이에게 맞는 영어 학습 방식을 찾지 못하고 있다. 바로 이때 영어 놀이로 우리 아이의 학습 문제를 해결해야 한다. 영어는 라면과 같다. 국물에 너무 오래 담가 놓으면 불어 터져 맛이 없어지는 라면처럼, 영어도 교육이라는 국물에 너무 오래 담가 놓으면 재미가 없어진다. 반면, 양념이 아이가 느끼한 면을 잘 넘길 수 있도록 도와주듯이 영어 놀이는 자칫 부담스러울 수 있는 영어를 쉽고 즐겁게 배울 수 있게 해 준다.

스티브 잡스는 '우리가 죽을 때 가져갈 수 있는 것은 부가 아니라 사랑하는 사람들에 대한 추억'이라고 말했다. 우리 아이도 마찬가지다. 아이가 이다음에 독립을 할 때 가져갈 수 있는 것은 공부하라는 부모의 잔소리가 아니다. 공부와 공부 이상을 스스로 즐길 줄 아는 그 기쁨을 가져가는 것이다. 세상에 누가 공부에 대한 추억을 간직하겠는가? 놀이의 추억이라면 몰라도. 언젠가 아이가 사춘기를 타기 시작하거나 성인이 되었을 때 '우리 아빠 엄마가 나랑 이렇게 놀아주셨지' 하고 추억할 수 있게 된다면 그것이야말로 크나큰 축복이다.

나의 어머니는 한국에서 중학교 영어 선생님을 하시다가 기독교 사역자로 해외에 나오셨다. 그러기에 언어를 가르치는 면에서 나름의 노하우가 있다. 나는 어릴 때부터 책 만들기 놀이를 했다. 엄마가 종이와 쓸 것을 항상 챙겨 주셨다. 그래서 그 당시 알고 있던 몇 안 되는 영어 단어 가지고도 언제 어디서든 책을 만들며 놀 수 있었다. 이것이 나의 영어에 대한 첫 추억이자 기쁨이다. 만일 어머니가 놀잇감이 아니라 매일 학습지를 주셨다면 아마도 난 지금쯤 영어와는 거리가 먼 삶을 살고 있을지도 모른다.

아래에서 한국 영어 교육의 몇 가지 문제점을 지적하고 손쉬운 해결책을 제시해 보겠다.

1. 공장식 영어를 한다

한국인들은 누구나 똑같은 교과서적인 영어만 한다. 마치 공장에서 찍어 나온 듯 판에 박힌 어휘와 표현만 쓴다. 반면, 스타 강사 디바 제시카Deeva Jessica는 일상적인 영어를 구사한다. 미국의 대중적인 영어를 사용하고 가르친다. 나름 톡톡 튀는 영어 강사다. 내 생각에는 실용적이고 매력적이기만 한데 동영상 댓글을 보니 한국 사람들 생각에는 딱히 그렇지만은 않은가 보다. 가끔 은어slang도 섞어 주는 것이 의사소통에 도움이 된다면 해야지 굳이 교과서만 고집할 필요가 있나?

☞ 해결책

몰라서 그렇지 찾아보면 영어 콘텐츠는 무수히 많다. 쉽고 재미있고 다양한 콘텐츠들이 널려 있다. 아빠 엄마가 영어를 못하는가? 문제없다. 아마 그런 가정들이 대다수일 것이다.

매일 디즈니 채널 센트럴Disney Channel Central을 유튜브에서 틀어줘라. 아이의 수준에 맞는 영어 비디오가 수백 개 된다. 그리고 그 비디오에서 들은 단어를 하나씩 아이에게 말해 줘라. 전혀 안 들린다면 아이에게 비디오를 하나 더 틀어 줘라. 틀어 놓고 다른 놀이를 해도 된다. 무의식적이라도 소리는 귀에 흘러들어간다. 영어를 조금 배운 아이라면 비디오를 보며 귀에 들리는 아는 단어를 말하게 해 봐라. 처음에 무슨 내용인지 알아듣지 못해 멀뚱멀뚱하던 아이도 간혹 아는 단어를 맞히면 "오예~" 하며 쾌재를 부를 것이다. 그때 부모가 폭풍 칭찬을 해 주면 자신감과 의욕이 배가된다. 이런 시간이 쌓이면 다양한 영어 표현을 구사하게 될 것이다.

2. 너무 오래 엉덩이 싸움을 한다

미국의 가정집을 방문하면 특이한 점이 있다. 아이들 방에 마땅히 있어야 할 책상이 없는 집이 대다수다. 미국 아이들은 식탁, 바닥, 소파, 침대 등에서 공부를 한다. 대학생들은 도서관에서 공부를 하거나 침대 위에 조그마한 탁자를 놓고 책을 읽거나 숙제를 한다. 그렇게 자유롭게 공부하기 때문에 몸이 힘들지 않다. 편한 자세로 영어를 하는 것과 엄마의 닦달에 못 이겨 딱딱한 의자에 엉덩이를 붙이고 억지로 공부하는 것은 아이의 정서에 정반대의 영향을 끼친다. 우리 아이가 얼마나 힘들겠는가?

☞ 해결책

애꿎은 엉덩이를 학대하지 말아라. 의자에 방석을 대 주기보다는 방 안에 책 보는 코너 Reading Corner를 꾸며 줘라. 푹신한 베개와 더불어 낮은 탁자도 준비하고 조명도 설치하면 아이가 자연스레 공부하고 싶어지지 않겠는가? 또한 그곳에 영어 노래도 들을 수 있도록 해 놓아 아이가 틈틈이 쉴 수 있도록 해라.

3. 체력을 키워 주지 않는다

공부의 생명은 체력이다. 아무리 똑똑해도 건강하지 못하면 장기적으로 점수는 자연스레 떨어지게 되어 있다. 비단 공부에서만이 아니라 체력은 평생의 자산이다. 그런데 한국 학생들은 어린 나이부터 너무 운동이나 놀이를 하지 않는다. 컴퓨터 게임 말고 건강한 신체 활동을 말하는 것이다.

☞ 해결책

평소에 꾸준히 운동을 하게 해라. 어린아이들은 많이 뛰노는 것 자체가 운동이다. 체력을 기르는 것뿐만이 아니라 스트레스 해소에도 도움이 된다. 공부를 할 때는 가벼운 스트레칭으로 부드럽게 몸을 풀어 줘라. 자스민Jasmine, 시트러스Citrus, 페퍼민트Peppermint 향이 나는 향초를 피우거나 아로마 오일을 물에 풀어 기분을 상쾌하게 하는 것도 좋다.

4. 발음보다 발성이 중요하다는 사실을 간과한다

발음에 따라 영어의 수준이 결정되기도 한다. 하지만 실용 영어에서는 발음의 정확성보다 발성의 분명함이 더 중요하다. 발성이 중요하다는 것은 말을 할 때 웅얼거리지 말아야 한다는 것이다. 하지만 한국의 교육 실태는 알다시피 교사들부터 프레젠테이션을 기피하고 있다.

내 전공은 영어 커뮤니케이션이다. 그래서인지 나는 소통에 능한 언어를 진정한 실력으로 본다. 제아무리 공부를 잘한다 해도 점수가 높을 뿐이지, 자기 의사를 정확히 신속히 그리고 확실히 전달하지 못하면 무슨 소용이랴?

☞ 해결책

솔직히 영어를 잘한다면 큰 소리로 분명하게 말하겠지만, 못하니까 자신감이 없어서 입이 안 떨어지는 것 아닌가? 그렇다면 <u>완벽해야 한다는 생각을 버려라.</u> 서양 사람들도 말을 하다 실수하기도 하고 어눌한 사람들도 많다.

이럴 때 무슨 놀이가 도움이 될까? 종이를 확성기 모양으로 말아 쥐고 거울 앞에 서라. 그리고 옆에 녹음기를 켜 놓고 기차 화통을 삶아 먹은 것처럼 외쳐라.

"나는 할 수 있다!

나는 세상에서 목소리가 가장 크고,

영어를 제일 잘하는 사람이다."

이게 부끄러우면 성경 구절이라도 외우면 된다. 그런 다음 녹음한 내용을 들어 봐라. 들리는가? 또렷하게 들리는가? 원하는 목소리인가? 마음에 들 때까지 연습을 해라. 그래야 성량이 는다.

5. 교육이 문법 용어에 너무 치우쳐 있다

영어를 정확하게 구사하기 위해 문법에 대한 이해는 필요하다. 하지만 문법은 언어를 쉽게 익히기 위한 도구이지 언어를 얽매는 속박이 아니다. 한국의 영어 교육은 문법에 너무 치중하여 문법 용어를 모르면 수업을 알아들을 수가 없다. 그러다 보니 영어 문장보다도 문법 용어에 막혀 지레 영어를 어렵게 생각한다. 그리고 문법을 따지는 습관 때문에 말을 할 때도 머릿속으로 생각을 거치느라 대화의 타이밍을 놓치게 된다. 문법 용어와 개념을 이해하는 것보다 중요한 것은 실생활에서의 적용, 즉 말하고 글을 쓸 때 바로 써먹을 수 있는가이다.

☞ 해결책

나는 문법 단원을 가르칠 때 연습을 강조한다. 문법에 대한 개념 이해가 필요하다면 문법책의 설명을 봐라. 하지만 일상생활이나 학교에서 영어를 편안하게 하고 싶다면 문장 속에서의 끊임없는 연습이 필요하다. 문법을 잘 안다는 것은 용어를 안다는 것이라기보다는 문장이나 대화 속에서 적용을 할 줄 안다는 것이다. 문법 용어에 대한 생각을 버리고 문장 속에서 문법 그 자체를 익혀라.

어떻게 하는가? 지우개의 한쪽에는 1, 다른 쪽에는 2를 써라. 그리고 두 개의 토픽을 생각해 내라. 가령 토끼 그리고 산이라고 치자. 그러면 1번 주제는 '토끼'이고 2번 주제는 '산'이 된다. 그런 다음 지우개를 던져라. 어느 면이 나왔는가? 1이 나오면 '토끼'에 대한 글을 쓰고, 2가 나오면 '산'을 주제로 글을 쓰면 된다. 옆에다 미리 폰을 준비하여 1분 카운트다운으로 시간을 재라. 그 시간 내에 주제에 맞게 글을 써라. 다 쓰고 나면 문법 교정을 해 보아라. 아마 처음에는 혼자 하기가 어려울 것이다. 하지만 문법책을 뒤져서라도 자꾸 해 보면 실력이 늘 것이다.

또 다른 방법이 있다. 문법책을 뒤적거려 아무 문법이나 선택해라. 그리고 그 문법에 맞춰 10개의 문장을 만들어라. 자꾸 이런 놀이를 하다 보면 결국에는 그 책 안에 있는 모든 문법이 다 익숙해질 것이다.

위에서 살펴본 대로 영어의 모든 문제는 영어 놀이로 해결할 수 있다. 영어 놀이는 한마디로 재미 업! 스트레스 다운! 효과 짱이다! 그러니 우리 아이를 더 이상 공부로 혹사시키지 말아라. 놀이라는 신세계가 기다리고 있다.

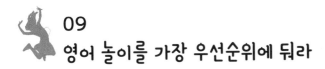

09
영어 놀이를 가장 우선순위에 둬라

1924년 파리 올림픽에 출전한 에릭 리델은 온 영국이 주목하는 선수이자 독실한 기독교인이었다. 그런데 대회 몇 달 전에 경기 일정이 공표된 후 문제가 생겼다. 그의 가장 자신 있는 종목인 100미터 달리기 경기가 일요일에 열린다는 것이었다. 그때 그는 놀라운 선택을 했다. 100미터에 출전하지 않기로 한 것이다. 이유는 그의 우선순위에 있었다. 그에게는 경기보다 예배가 우선이었다. 대신에 그는 평일에 열리는 400미터에 출전하기로 하고 훈련에 임했다. 사실 400미터는 그의 주 종목이 아니었고, 올림픽 전그의 400미터 기록도 평범한 수준이었다. 수년간 100미터를 목표로 훈련해 온 그가 대회를 몇 달 앞두고 갑작스레 종목을 바꿔 400미터를 뛰게 됐으니 불안하기도 했을 것이다. 하지만 그는 열심히 훈련했고 달렸고 결국 우승했다. 영국에게는 기쁜 날이 아닐 수 없었다. 그런데 다음 해 그는 더욱더 놀라운 선택을 했다. 금

메달리스트로서 많은 인기를 누리며 본국에서 편히 지낼 수도 있었을 텐데 그는 머나먼 중국으로 떠났다. 에릭 리델의 우선순위를 보면 그가 왜 이런 선택을 했는지 알 수 있다. 그는 기독교인이었고 하나님께 중국 선교사로 헌신했기 때문이었다.

여기서 말하고자 하는 것은 신학적인 강론이 아니다. 우선순위를 정하고 실천하라는 것이다. 내가 지금 하고 있는 일에, 집안일에, 손님 접대에 우선순위를 두게 되면 우리 아이와의 영어 놀이는 그만큼 후순위로 밀리게 되고, 자연히 아이도 영어 놀이에 우선순위를 두지 않게 된다.

아이가 2살인가? 13살인가? 혹은 20살인가? 아직 늦지 않았다. 아이와의 영어 놀이를 가장 우선순위에 두고 삶을 조율해라. 꼭 시간표를 정하지 않아도 된다. 왜냐고? 스케줄을 너무 융통성 없게 해 놓으면 지키지도 않을뿐더러 놀이가 아니라 고문이 될 뿐이다. 그저 영어 놀이를 이번 주에 몇 번 정도 할 것인지 생각해 둬라. 그리고 아이와 얘기하고 실행에 옮겨라. 영어 놀이를 우선순위에 둔다는 것은, 영어 놀이를 하기로 한 것을 의식하고, 할 수 있도록 일정을 조율하고, 분위기와 환경을 조성하고, 실제로 행하는 것을 말한다. 그렇다고 다른 일을 내팽개치거나 시간표에 얽매이라는 뜻은 아니다. 영어로 놀고 영어로 살고 싶다고 해서 자나 깨나 영어만 생각할 수는 없다. 아무래도 한국 사람은 한국말로도 생활해야 할 것이기 때문이다. 부모도 아이가 원어민 수준의 영어를 구사하기를 원하는 것이지, 원어민처럼 한국말을 못하기를 원하는 것은 아닐 테니까 말이다. 참고로 모국어는 뿌리 언어이고, 요즘은 모국어를 바탕으로 2개 국어, 3개 국어는 기본이다.

이 장에서는 2살, 13살, 그리고 20살 아이와 영어 놀이를 할 때, 우선순위가 있고 없고의 차이에 대해 써 보겠다.

아이가 2살이면 영어 놀이를 하기에 너무 어리지 않은가? 아니다. 앞서 설명한 대로 2-3살이면 나름의 언어 표현을 한다. 옹알이는 이미 한참 했을 텐데 이제는 언어로 놀아 줄 차례다.

먼저 그냥 우선순위 없이 놀아 주는 경우를 가정해 보자. 손님이 왔다. 아이가 보챈다. 재우거나 다른 사람에게 맡긴다. 차를 마시며 대화를 나눈다. 시간이 훌쩍 지나간다. 네다섯 시간을 그렇게 보내고 나면 부모도 홀로 있는 시간이 필요하다. 아이는 깨어서 놀자고 보챈다. 시계를 보니 저녁 식사를 준비할 시간이다.

또 다른 시나리오를 그려 보자. 우선순위로 이번 주 안에 2-3번 20-30분씩 영어 놀이를 하기로 했다. 손님이 온다. 아이를 재우거나 맡긴다. 2시간쯤 지나면 눈치껏 손님을 돌려보내고 아이가 깰 때까지 좀 쉰다. 아이가 깨서 놀아 달라고 한다. 색종이나 찰흙을 꺼내 영어로 색깔을 가르쳐 준 후 마음껏 찢고 뭉개라고 준다.

보라. 별일 아닌 것 같지만 마음먹기 나름이지 않은가?

이번에는 학교 선생님으로서 중학생들을 다뤄 본 경험을 살려서, 한창 사춘기인 13살 아이 다루는 법을 알려 주겠다. 아이의 학습 태도나 놀이에 대한 태도도 부모 하기 나름이다.

먼저 우선순위를 정하지 않은 평범한 일상을 떠올려 보자. 아마 익숙한 풍경일 것이다. 아이가 학교에서 돌아온다. 숙제부터 하라고 하자 화를 낸다. 방에 들어가더니 틀어박혀 나오질 않는다. 과일을 들고 들어가 보니 숙제를 펼쳐 놓고 노래를 듣고 있다. 한심하다. 혼을 내려니 짜증이 더 난다. 아무 말도 하지 않고 문을 닫아 버린다.

다음은 영어 놀이에 우선순위를 정한 일상이다. 아이를 학교에 보내며 오늘은 꼭 영어 놀이를 하자고 말해 둔다. 우선 영어 놀이 젠가를 준비해 놓는다. 아이의 수준을 고려해서 문장 대신 단어를 적어 놓는다. 아이가 학교에서 돌아온다. 사춘기여서인지 성적 때문인지 기분이 잡쳐 있다. 아이가 방으로 들어간다. 맛있는 과일을 주고 방에서 음악을 듣든 무엇을 하든 가만히 내버려 둔다. 아이에게도 혼자만의 시간이 필요하다. 저녁 시간이 돼서야 아이가 방에서 나온다. 아이에게 맛있는 밥을 해 주며 영어 단어가 적힌 젠가 블록 하나를 내놓는다. 이때만은 아이의 기분에 좌지우지되어서는 안 된다. 아이는 이미 혼자서 충분히 휴식을 취했다. 이럴 때는 부모의 권위를 내세워야 한다. 아이가 블록에 적힌 단어를 보면 눈을 감고 블록을 몇 개 더 집으라고 한다. 이제 블록의 단어들을 합쳐서 문장을 만들어 보라고 한다. 아이가 혼자서 못하면 부모가 한 번 시범을 보이고, 아이에게 밥을 먹는 동안 비슷한 문장들을 만들어 보라고 한다. 여기 예가 있다.

- 블록의 단어들 : LOVE, PIG, FORK
- 활용 예문

  I love to poke the pig with a fork.

  I love to poke the sofa with a pen.

  I love to poke the wall with an umbrella.

  I love to poke the floor with a book.

  I love to poke the flag with a pole.

이 게임이 너무 복잡하거나 어렵다면 단어장 게임을 추천한다. 엄마와 아이가 똑같은 단어책을 구입한다. 그리고 수준에 맞게 하루에 외울 분량을 가늠해 아침에 오늘 어디를 외울지 정한다. 아이가 학교와 학원 공부로 바쁠 테니까 무리하게 요구하지는 말아라. 집에 오면 함께 5-10분 정도 복습을 하고 서로 번갈아 가며 단어의 철자와 뜻을 묻고 답한다. 단, 아이의 상태에 따라 일주일에 한 번이면 족할 수도 있다.

영어 놀이에 우선순위를 둬라. 13살짜리 아이는 아직 스스로 모든 스케줄을 정할 만큼 성숙하진 않다. 그러니 부모가 시간을 내서 함께 놀아 주는 것이 마땅하다.

스무 살의 경우는 어떻게 영어 놀이에 접근해야 할까?

20살 먹은 자식에게 뒤늦게 영어 놀이를 가르친다는 것은 쉽지 않은 일이다. 이미 대학생이거나 독립할 만한 나이이기 때문이다. 영어 놀이를 하기에 이상적인 나이는 아니지만, 그래도 본인 스스로 영어 공부에 약간의 놀이를 가미하면 적잖이 도움이 된다. 영어 놀이에 대한 의식이 없다면 그냥 흘려보낼 수도 있는 자투리 시간들을, 영어 놀이에 우선순위를 둠으로써 의미 있게 활용할 수 있다.

20살은 자기 개발의 나이다. 놀며 청춘을 누리기도 하지만 미래를 위해 준비해야 할 것도 많다. 이럴 때 영어 놀이를 위해 따로 일정을 잡을 필요는 없다. 영어 공부를 하다가 머리를 식힐 때나 자투리 시간에 심심할 때 영어 놀이를 하면 된다. 온라인 보글 게임이나 팝송으로 기분 전환을 할 수도 있고, 반복 학습으로도 잘 안 되는 단어나 문법을 따로 정리해서 쉬는 시간에 가벼운 마음으로 훑어볼 수도 있다. 영어 신문이나 잡지를 보면서 모르는 단어를 적어 두었다가 화장실에서 사전을 찾아보는 것도 좋다. 이렇게 자투리 시간을 활용하면 따로 시간 내어 공부하기 어려운 단어 실력을 향상시키는 데 아주 유용하다. 문법을 하나씩 익히기에도 화장실은 의외로 유용한 공간이다. 우선 세면대 옆 수건 수납함에 상자를 하나 마련해라. 그리고 잘 이해되지 않는 문법 개념이나 외워야 할 문법 사항, 생소한 문법 용어들을 코팅해서 상자에 담아 두고 화장실을 이용할 때마다 한 번씩 읽어 봐라. 비움과 휴식의 공간이자 혼자만의 시공간인 화장실에서 가볍게 쓱 훑어본 것이 머리에 쏙쏙 들어오는 경우가 있다. 그렇다고 항상 스트레스를 받으며 화장실을 이용하라는 것은 아니다. 그저 영어 놀이의 필요성을 인식하고 삶의 우선순위에 두라는 말이다.

이제 우리 모두 기억해야 할 명제가 있다.
명심하자. 그리고 실행하자.
'영어는 놀이다!'

10
영어 놀이로 아이의 인생을 설계하라

기원전 85년부터 기원전 43년까지 살았던 한 작가를 주목하자. 그는 시리아에서 출생하여 노예의 신분으로 로마에 팔려 갔지만, 그의 지혜와 재능을 높이 산 주인의 도움으로 자유인이 되어 교육을 받고 작가가 되었다. 그의 이름은 푸블릴리우스 시루스인데, 그는 인생의 지혜를 담은 수많은 명언을 남겼다.

그는 이렇게 말했다.

"가장 높은 곳에 올라가려면, 가장 낮은 곳부터 시작하라."

"시도해 보지 않고는 그 누구도 자신이 얼마만큼 해낼 수 있는지 알지 못한다."

영어도 마찬가지다. 처음부터 잘하는 사람은 아무도 없다.

아직도 영어를 못한다는 핑계로 영어 놀이를 망설이는가?

바닥이라 느끼는 지금이 가장 좋은 때이다. 인생은 낮은 곳에서 시작하여 높은 곳에 도달하자는 의지로 사는 것이다.

영어 놀이가 좋다는 건 알겠는데 막상 어떻게 해야 할지 모르겠는가?

일단 시도하라. 내가, 내 아이가 얼마나 잘 해낼 수 있을지는 아무도 모른다. 부딪쳐 봐야 궁리가 나오고 방법이 생긴다.

현대를 살아가는 대한민국 아이들의 미래는 영어에 달려 있다고 해도 과언이 아니다. 사람이 유일한 자원인 우리나라가 세계 속에서 경쟁을 이겨 내고 어깨를 나란히 할 방법은 세계 무대에서 소통할 수 있는 실력을 키우는 것이다. 영어 공부와 더불어 영어 놀이로 진짜 실력을 키워라. 연령대에 맞는 영어 놀이로 아이의 인생을 설계해라.

내 아이의 인생을 설계할 때 능수능란하게 영어를 구사하는 사람으로 키우고 싶다면 기본에 충실해라. 영어를 숨 쉬듯이 하게 하고 싶은가? 영어 공부만 시키지 말고 영어로 노는 법, 영어로 사는 법을 가르쳐라. 현 시대가 요구하는 실용 영어를 가장 쉽고, 가장 재미있고, 가장 효과적으로 습득할 수 있는 방법, 그것은 바로 영어 놀이다.

한창 말을 배우는 데 관심을 보이고 놀기 좋아하는 2-3살이면 영어 놀이를 시작하기 딱 좋은 나이다. 영어 놀이로 내 아이의 마음의 창을 열어 줘라. 정서 발달, 상상력 계발과 더불어 공부도 되는 영어 놀이를 아이와 함께 즐겨라. 그러면 이다음에 우리 아이가 다 큰 청년이 됐을 때 부모에게 무척 고마워할 것이다. 자신을 닦달하지 않고 같이 놀아 줘서 고맙다고, 자신을 믿고 기다려 줘서 감사하다고, 그리고 함께 그 수많은 추억을 만들어 줘서 너무나 행복했다고 우리 아이가 고백해 올 것이다. 그날까지 열심히 영어로 놀아 주자.

영어 놀이로 진짜 실력을 키워 원하던 대로 언어 능력자가 된 나의 사례가 앞길에 참고가 될 것이다. 나는 내가 하고자 하는 말을 영어로 있는 그대로 표현할 수 있다. 그런데 나도 처음부터 늘 이런 실력이 있었던 것은 아니다. 나는 유아원 때 처음 영어를 접했지만, 서초동으로 잠시 가 있으면서 그동안 배운 영어를 말끔히 다 잊었었다. 다시 국제 사회로 돌아온 나는 그야말로 엉망이었다. 발음도 시원치 않았고 영어로 한 문장 쓰기도 힘들었다. 나는 애를 쓰지 않을 수 없었다. 일단 기본적인 의사소통이 되지 않았기 때문이다. 나름의 시도로 영어 일기도 써 보고 책도 읽어 보려 했으나 눈에 들어오는 것이 없었다. 그만큼 내 실력은 바닥이었다. 이런 상태는 초등학교 4학년 초까지 계속되었다.

그때 번뜩이는 아이디어가 떠올랐다. 유아기 때 영어로 재미있게 놀던 방식으로 돌아가 새롭게 시작하자 마음먹은 것이다. 그날로 유치원 때 책을 다시 꺼내 와 밑줄을 치며 열심히 단어를 외우기 시작했다. 그렇게 외운 단어를 가지고 바로 책 만들기 놀이를 했다. A4용지 몇 장을 붙여서 그림도 그리고 아는 영어도 써 가며 유아 때처럼 놀았다. 쉬운 것부터, 할 수 있는 것부터, 바닥에서부터 다시 시작한 것이다. 엄마한테 그림을 보여 주며 이야기를 하니 엄마도 칭찬을 해 주며 같이 놀아 주셨다. 영어 놀이를 하며 실력이 늘어 조금씩 영어로 기본적인 의사소통이 되니 자신감도 생기고 재미도 있었다. 그렇게 시작한 나의 영어 놀이는 나의 성장 과정에 언제나 함께였다. 서정주 시인은 '나를 키운 것은 팔할이 바람이었다'라고 했는데, 나의 영어 실력을 키운 것은 팔할이 영어 놀이였다. 아니 그 이상이라 해도 과언이 아니다. 그 생생한 경험이 이 책에 녹아들어 있다.

혹자는 내가 국제학교 출신이라서 당연히 영어를 잘하는 게 아니냐고 되묻기도 한다. 물론 국제학교에서 배운 것이 나의 영어 실력에 플러스가 되었을 것이다. 하지만 국제학교를 다녔다고 다 영어를 막힘없이 유창하게 구사할 수 있는 것은 아니다. 그렇게 말하는 사람들은 국제학교와 미국 유학생들의 실상을 잘 몰라서 그러는 것이다. 성적은 우수해도 영어로 말 한마디 제대로 못하는 아이들이 얼마나 많은지 알지 못해서 그러는 것이다. 한국인 유학생들이 토플 점수는 높아도 막상 수업과 학교생활에 적응을 못해 중도에 그만두는 이유가 그 때문이다. 점수만 잘 받는 영어는 죽은 영어다. 나처럼 어디서 누구를 만나도 막힘없이 의사소통이 되고 함께 웃고 떠들고 교감할 수 있는 영어가 살아 있는 영어, 생활력 있는 영어다. 단언컨대, 지금의 실력을 갖추는 데 가장 큰 도움이 되었던 것은 영어에 대한 나의 꾸준한 관심과 영어 놀이였다.

이것이 바로 영어 놀이의 힘이다. 내 삶이 그것을 증명한다. 지금 당장 아이의 손을 잡고 생활력 있는 영어, 실용 영어의 밑거름이 되는 영어 놀이를 시작해라. 우리 아이가 달라질 것이다. 영어가 더 이상 지긋지긋한 골칫거리가 아니라 즐거운 놀이가 될 것이다. 그리고 아이의 꿈에 따라 맞춤식 놀이를 해라. 미래에 꿈을 이룬 자기 모습을 그리며 더 적극적으로 놀이에 참여할 것이다. 작가나 교수, 교사가 꿈이라면 영어책 만들기나 영어 잡지 오리기를 하면 된다. 의사나 간호사가 꿈이라면 영어로 병원놀이를 하면 된다. 화가가 꿈이라면 영어 그림책 만들기나 그림을 그리고 영어로 소개하기를 할 수도 있다. 가수나 음악가가 꿈이라면 팝송 듣기나 영어 가사 바꿔 부르기, 영어 노래에 맞춰 춤추기를 할 수도 있다. 어쩌면 당연한 얘기라는 생각이 들 수도 있지만, 그 당연한 것을 막상 해 봤는가? 아이의 꿈에 맞춰 놀아 줘 봤는가? 공부나 놀이나 알면서 가만히 있는 것과 알고 나서 실행하는 것은 하늘과 땅 차이다. 이제부터라도 땅에서 시작하여 하늘에 도전하자! 이 책이 영어 놀이의 여정에 든든한 동반자가 되어 줄 것이다.

인생의 차이를 만드는
영어 놀이법

영어는 놀이다

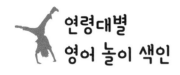
연령대별
영어 놀이 색인

1. 영유아를 위한 영어 놀이

2. 초등 저학년을 위한 영어 놀이

영어 놀이	놀이 목적	난이도	페이지
Scrabble	단어 암기	하	p.89
Elephant	단어 암기	하	p.91
영어 닉네임 놀이	표현, 단어	하	p.115
포인팅 게임	기초 문법	하	p.116
Boggle	단어	하	p.141
Hangman	단어, 철자	하	p.145
Picture Spelling Bee	단어, 철자	하	p.194
20 Questions	단어, 상상력	하	p.195
Matching Game	단어, 기억력	하	p.197
모래 알파벳	알파벳	하	p.200
모래 다트	단어, 몸놀이	하	p.201
필기체 놀이	필기체	하	p.202
문법 모래놀이	기초 문법	하	p.203
Second Letter	단어	하	p.232
주사위 놀이	숫자, 몸놀이	하	p.245
Multiple Choice	문법	하	p.246
종이 사전 놀이	단어, 기억력	하	p.248
Crossword	단어	하~상	p.197
Online Boggle	단어	하~상	p.214
빠진 단어 맞히기	단어, 문법	중	p.108
미술 놀이	우뇌 개발	중	p.244
Fill-in-the-blank	단어, 문법	중	p.245
영어 노래	표현, 기억력	중상	p.245
상상력 놀이	상상력, 발표	중상	p.245

3. 초등 고학년을 위한 영어 놀이

영어 놀이	놀이 목적	난이도	페이지
단어 거꾸로 쓰기	단어, 철자, 기억력	하	p.247
INTERESTING	단어, 철자	하	p.252
Detective Q	문장으로 문법 익히기	중	p.92
영어 포스터 만들기	표현, 발표	중	p.94
생활영어 표현 노트	회화	중	p.95
영어 SNS	표현, 회화, 친구 만들기	중	p.95
테마 놀이	표현, 회화, 발표	중	p.96
문법 용어 카드	문법	중	p.122
Speed Reading	속독, 발음	중	p.127
Monopoly	단어, 표현	중	p.141
Chores Game	영문 암송, 집안일	중	p.182
To-do List	짧은 표현	중	p.229
뮤지컬 체어스	문법, 몸놀이	중	p.243
마네킹 놀이	표현, 회화, 발표	중상	p.97
유의어 놀이	단어, 어휘 확장	중상	p.109
학교생활 질문 카드	회화, 표현	중상	p.114
유의어 빙고 게임	단어, 어휘 확장	중상	p.119
단어 뽕망치 게임	어휘 확장	중상	p.128
Speed Writing	표현, 작문	중상	p.129
영어 연극 놀이	회화, 표현, 발표	중상	p.149
Mad Libs	독해, 단어, 상상력	중상	p.161
청소년 모래놀이	만들기, 표현, 발표	중상	p.201
한석봉 놀이	스피드 영작	중상	p.203

영어 놀이	놀이 목적	난이도	페이지
Jazz Chant	단어, 문법, 억양	중상	p.227
영시(라임) 짓기	단어, 라임, 영작	중상	p.228
스피치 암송	표현, 발표, 문화 이해	중상	p.237
셰익스피어 암송	표현, 발표, 문화 이해	중상	p.238
뮤지컬 노래 부르기	표현, 발표, 문화 이해	중상	p.238
Dialogue 놀이	회화, 표현	중상	p.244
찢기 놀이	표현, 발표	중상	p.251
5초 놀이	표현, 순발력	중상	p.253
관심사 추측 게임	표현, 발표	중상	p.255
객관식 게임	표현, 작문, 독해	상	p.109
키워드 설명 카드	표현, 작문, 발표	상	p.110
3분 에세이	표현, 작문	상	p.130
캐릭터 몰입 놀이	영작, 발표	상	p.150
연예인 놀이	회화, 표현, 발표	상	p.152
스토리텔링	영작, 표현, 발표	상	p.161 p.233
Role-Play Game	영작, 표현, 말하기	상	p.212
프레젠테이션	리서치, 영작, 발표	상	p.214
스토리북 놀이	영작, 상상력	상	p.230
Doodling	영어 만화, 상상력	상	p.230
Dream Diary	영작, 컨텐츠 비축	상	p.231
Topic Essay	영작	상	P.231
영어 독후감	영작, 발표	상	p.234

영어 놀이	놀이 목적	난이도	페이지
대본 쓰기와 연기	영작, 연기	상	p.235
선생님 놀이	표현, 발표	상	p.236
파워포인트 만들기	표현, 발표	상	p.236
성경 읽기/일기	독해, 표현, 문화 이해	상	p.238
에세이 모노폴리	에세이 영작	상	p.253
신문기사 게임	독해, 표현, 발표	상	p.255

4. 가족을 위한 영어 놀이

영어 놀이	놀이 목적	난이도	페이지
Family JENGA	회화, 표현	중	p.184
ESL Spelling Bee	단어, 철자	중	p.185
영어 요리	레시피 표현, 요리	중상	p.144 p.178
빌보드 차트	리스닝, 표현, 문화 이해	중상	p.177
영어 노래방	팝송 표현	중상	p.235
미국 드라마	리스닝, 회화, 문화 이해	상	p.176

5. 영어 놀이를 위한 주제별 팁

에필로그

 드디어 임신과 출산 과정을 거친 오랜 집필 기간이 끝났다. 바쁘긴 했지만 한편으로 나는 이 책을 집필하며 다시금 영어 놀이의 즐거움에 빠져들었다. 그만큼 영어 놀이는 내 삶에 배어 있었다.

 내가 과외, 학원, 학교에서 영어를 가르치며 아이들과 어울려 놀았던 추억들을 되짚으니 그리운 얼굴들이 하나하나 눈앞에 아른거린다. 그렇다. 우리는 영어로 함께 놀았다. 나를 만났던 그 많은 아이들이 이 책에 기술된 영어 놀이를 하며 영어의 세계에서 즐거움을 찾았다.

 이제 8개월 된 우리 아이를 바라보며 앞으로 함께 놀 시간들이 기대된다. 게임도 하고, 추억도 쌓고, 더불어 공부도 하면서 아이가 영어와 친숙해질 시간이 다가오기에 말이다.

이 책을 마무리하며 다시 한 번 강조하고픈 것이 있다.

뜸 들이지 말고 오늘 바로 아이와 영어 놀이를 시작해라.

먼저 한 걸음을 떼야 결국 목적지에 이르는 것이다.

제대로 영어 놀이를 하면 20세 이전에도 얼마든지 영어 프로가 될 수 있다. 이 책이 그 여정의 출발에서 목적지에 이르기까지 내내 길잡이가 되어 줄 것이다.

김수지